お金を
稼がなくても
生きていける
世界で暮らす

贈与経済2.0

GIFT ECONOMY

荒谷大輔
Daisuke Araya

SE
SHOEISHA

はじめに

人から何か貰《もら》っても素直に喜べず、複雑な思いをいだくことはないでしょうか。この本は「お金」を稼いで生きる資本主義経済とは別なかたちで、人々が贈与し合いながら生きていく新しい経済の提案をします。しかし、「贈与」と聞いても偽善や煩わしさの方を感じる向きもあるでしょう。例えば、ご近所からお裾分けを貰うような場合、「お返しはどうしよう」とか「お返しをしてまた貰うことになったら面倒だな」などと考えると疎《うと》ましさが先に立つかもしれません。お返ししたものを相手がどう評価するかをいちいち心配するのも嫌なので、贈与の応酬などは早々に終わらせ、「自分の世話は自分でする」という関係を互いに維持した方が「自由」でよいと考えられるのです。

しかし他方で、各人が自分のことをすべて引き受けるというのは大変なことでもあります。老後の生活を維持するために2000万円が必要という金融庁のワーキンググループの報告が話題になりましたが、「お金」だけを頼りに生きようとすれば、先々の不安は尽きません。一昔前であれば、子どもに面倒を見てもらうことを当てにして安心していられたかもしれませんが、「自分の世話は自分でする」という「自由」が家族の間でも重視される状況では「子どもに迷惑はかけたくない」と考える人も増えているように思います。しかしそうするとやはり、自分の力ではどうしようもなくなったときに頼れるものは「お金」だけであることになるのでした。

いざという時に頼れる人を「家族」という枠組みに限定せず、もっと広く確保する一方で、人間関係の束縛からは「自由」でいられるような「お互いさま」のあり方を実現することはできないのでしょうか。本書で提案するのは、その方法になります。

実際、そんな都合のいい人間関係を実現することなどできるのかと思われるかもしれません。詳細については本論で見ていただくしかありませんが、あらかじめごく簡単にお示しすれば、それは贈与の「意味」を常にオープンにすることで実現されます。何かを貰ったときに「お返ししなければ」とか、育てた恩を担保に子どもに介護を期待するとか、贈与によって発生する負担感や束縛は、贈る人と贈られる人の間で贈与の「意味」が共有されることで力を発揮します。ちょっと抽象的に感じられるかもしれませんが、要するに、いずれ返すべきものは「分かってる(はずだ)」と最初から考えられている状態で贈与がなされているということですね。贈る方も幾分かその「お返し」を期待しながら贈与している状況では、贈られる方は手放しで喜ぶことはできず「負債感」が先に立つことになってしまうのでした。

本書は、贈与という出来事を、社会全体で自由に意味づけ可能なものとして記録することで、負債感のない自由な関係を生み出す仕組みを提案します。贈与を贈与者と受贈者のあいだの二者関係に閉じず、常に新しい意味づけに開かれたものとすることで、束縛を生まない新しい「贈与経済」の可能性を示したいと思います。近代化以前、人々が互いに贈与しあう中で「経済」が回る社会が、世界各地にありました。それは、人々を関係の中に束縛する側面を強くもっていました。しかし、本書ではそのような不自由のない新しい贈与経済のあり方を示します。それは、いわば「贈与経済2・0」というべきもので、現代の「お金」を媒介にした資本主義経済を補完する機能を果たすと期待されます。

本書の見通し

そのために本書では現代の私たちが生活の土台としている資本主義経済の構造を明らかにするところからはじめたいと思います。「贈与経済2・0」を提案する背景には、これまで筆者が行ってきた近代社会の構造の分析があるのですが、その前提となるところを共有するところからはじめます。第1章と第2章の内容は『資本主義に出口はあるか』（講談社現代新書、2019）という本で書かれたものが基礎になっているのですが、先の本ではロックとルソーの2つの社会契約論を軸に近代社会を分析し、それをもとに「新しい社会」のあり方を提示しました。しかし、前の本では構造分析の点では好評をいただけたものの、肝心の「新しい社会」の内実については抽象的なものに留まっていて「やっぱり資本主義に出口はないのですね」といわれることの方が多かったかもしれません。本書は、その後の研究と実践の上に「新しい社会」の具体像を提案するものになっています。もちろん、この本だけで内容は完結しているので以前の本を参照いただく必要はないのですが、どのような流れで「新しい経済」が求められるのかを新しい読者の方々と共有するために、第1章と第2章で簡潔に近代社会の歴史的構造を確認させてもらえればと思います。それゆえ、すでに拙著を読まれている読者で急がれる方はすぐに第3章に進まれてもよいかもしれません。

いずれにせよ第1章では、資本主義経済の構造について歴史を遡って明らかにしていきたいと思います。アダム・スミスの「道徳哲学」が、現代の私たちにとって非常に馴染み深い資本主義経済の「道徳」の機能の原型になっていることを確認しつつ、「自由」や「平等」といった近代社会において基本的な概念がスミスの「思想」をもとに実現していることを見ます。「自由」「平等」という概念は、現代の私たちの社会において、同じ言葉で複数の意味をもつものとして用いられていますが、おそらくはもっとも馴染み深い「自由」

と「平等」の考え方がロックの思想を引き継いで展開されたアダム・スミスの道徳論をベースに社会実装されてきたことを確認できればと思います。

第2章では、近現代の歴史の中で資本主義経済を乗り越えようとする様々なオルタナティブ運動がなぜ「失敗」を繰り返してきたか、その根本的な原因を明らかにします。「個人の自由」を基礎に発展してきた資本主義経済が格差と分断を生み出す中で、みなで同じ理念を共有できる理想的な「新しい社会」を作ろうとする試みがこれまで繰り返しなされてきました。運動の当事者たちの精力的な活動と真摯な努力にもかかわらず、結果として繰り返し全体主義へと陥ってきた悪夢の歴史をルソーの社会契約論にまで遡りながら確認したいと思います。

資本主義経済を乗り越えようとするオルタナティブ運動は、歴史上そうしてマルクス主義とファシズムへと結実し人々の命をなぎ倒す嵐となりました。しかし、第2次世界大戦の後に一転して、ルソーの思想は「戦後民主主義」のシステムの中に統合されます。その統合の結果、高度経済成長や戦後国際秩序の仕組みが生み出されました。資本主義を乗り越えようとするオルタナティブ運動が、資本主義経済の中に取り込まれたのです。その内実を明らかにしながら、神話化されがちな「戦後民主主義」の本質的な構造を明らかにしたいと思います。そうすることで、私たちがこれまで享受してきた「戦後民主主義」を支える構造がすでに崩壊していること、そして資本主義経済の「発展」が限界に達していることを確認できるかと思います。

第3章では、行き詰まった現代の社会の未来を切り開くために、これまでもしばしば提案されてきた贈与経済が、そのままでは大きな問題をもつことを確認します。マルセル・モースの『贈与論』を基礎に、近代以前の「未開社会」において実践されてきた贈与経済に資本主義経済の問題を解決する糸口を探る試みがなされています。贈与経済のロジックは実際、単に「未開社会」の人々の感性（あるいは迷信的な考え方）に基づくものではなく、現代の私たちにとっても実は馴染み深いものですが、それゆえに私たちがよく知っている問題を発生させるものになっています。贈与は人と人とを結びつける働きをするものの、同時に強固な束縛を生み出すものとしても機能するのでした。本書では、従来の贈与論の基礎になっている「負債感」の概念を見直すことで、贈与が束縛として機能する原因を特定し、それを回避する道筋を理論的に示します。

第4章では、第3章で明らかになった理論的な可能性を、ブロックチェーン技術を用いて社会実装する方法が示されます。贈与経済2・0の仕組みを詳しく説明すると同時に、それがどうやって従来の贈与経済の問題を回避するのかを明らかにしたいと思います。他者に贈与することの社会的なインセンティブを新しく設定する贈与経済2・0は、資本主義経済のオルタナティブとして示されます。しかし、それは、資本主義経済を否定するものではありません。これまで繰り返されてきたオルタナティブの試みは、理想的な社会を作るために同じ理念を共有することを人々に強く求めるものでした。そしてそのために、様々な対立を引き起こしてきたのでした。しかし、贈与経済2・0はそうではありません。個々人がそれにメリットを感じる限りで参加するものとして位置づけられます。それは他者の労働の成果物を社会的に分配する方法として資本主義経済とは別なかたちのインセンティブを提案するものになっています。それゆえ、「いまの社会システムを変えよう」などという同じ理念の共有は求められないのでした。資本主義経済と並行しながら、お金を稼がなければ生きていけないという現行の社会に別な選択肢を示すことが目指されます。

こうした贈与経済2・0を社会実装するためのプロジェクトはすでに動き出していて、そのプロジェクトの進行状況、社会実装に至るまでのロードマップを第5章で確認したいと思います。贈与経済2・0を実現するためには、多くの人々の協力が不可欠ですが、現状すでに「贈与」によってそれらの作業が賄われている状況があります。いわば、新経済を社会実装するための新経済が走り出していて、非常に多くの方々の力を得ているのでした。2023年4月からはトヨタ財団からの助成金を得て、2024年4月から東京・高円寺と石川・白峰、2地域での贈与経済2・0の実証実験を行うことになりました。そうした取り組みを通じて、贈与経済を「グローバル化」する具体的な道筋が描かれます。

第6章では、贈与経済がグローバル化する中で人々が求めるであろう「社会」のあり方を描きます。資本主義経済が近代社会のあり方と密接に結びついていたように、人々の関係を規定する経済の仕組みが変われば、その経済の上に人々は新しい社会のあり方を求めるようになるでしょう。資本主義経済と近代国家の関係をあらためて歴史的に見直しながら、贈与経済2・0が内在的に求める「民主主義」のあり方を示します。今日議論されている熟議民主主義の試みの「失敗」を参照しながら、異なる価値観をもつ人々がともに未来を切り開いていく方法が示されることになります。近代社会全体を問い直す作業はもとより筆者の手に負えるものではありません。贈与経済2・0の仕組みも含めて、様々な立場からの議論が必要だと思います。本書がそうした未来に向けた議論の糸口になることができれば、それ以上のことはありません。

ぜひみなさんからご批判を賜れればと思います。拙い論述ではありますが、何卒よろしくお願いできれば幸いです。

第1章

なぜお金を稼がないと生きていけないのか　018
——資本主義経済の構造を探る

第2章

理想の社会を作ろうとする試みはなぜ失敗し続けるのか
──もうひとつの「近代社会」と戦後秩序

第3章

贈与経済はなぜそのままではオルタナティブになりえないのか

――贈与経済論の再構築

第4章

これからの社会はどうあるべきか——他者との自由な関係に基づく「贈与経済2・0」 114

第5章

いま、何をすればいいのか　174
——「贈与経済2・0」の作り方

第1章

なぜお金を稼がないと生きていけないのか

——資本主義経済の構造を探る

お金を稼がないと生きていけない？

「お金を稼がなくては生きていけない」。これは実際、いまの社会に生きる上であまりにも当たり前なことのように思われます。何をするにもお金は必要ですし、そのためには稼がないといけません。しかし、いまの社会で当たり前のことがいつの世でも妥当する真理であるとは限りません。少し歴史を振り返ってみれば、現代の私たちが当たり前と見なしている生き方は、たかだか300年ぐらいの歴史しかもっていないということがわかります。

　もちろん、お金が存在しない社会があったというわけではありません。歴史上、だいぶ古くからお金に類するものが使われてきたことは間違いありません。しかし、人間が生きていく上でお金を稼ぐ以外の方法が存在しなくなったのは、以下に見るように、近代に入ってからだといってよいと思います。日本でも室町時代まで遡れば主要な経済は贈与によって回っていたことが知られていますし、[1] 生計の単位が個人化される以前には、明治や大正期であっても余裕がある人の家に世話になりながら小間使をして生きるなどという選択肢は残されていました。血縁・地縁共同体の関係に拠って生活することが完全に不可能になったのは、第2次世界大戦後になってからといってもいいかもしれません。

　本書では「経済」という言葉を、「他人の労働の成果を獲得するためのルールを社会全体で共有し、それに則って富を公正に分配する仕組み」を意味するものとして使いたいと思いますが、その仕組みは現代の私たちが当たり前にしている「資本主義経済」以外に存在しなかったわけではないのです。

　では、「お金を稼がなければ生きていけない」という現代の私たちの状況は、どのように成立したのでしょうか。３００年前の歴史を振り返って考えてみたいと思います。

名誉革命とロックの社会契約論

17世紀末の名誉革命以後、イギリスではジョン・ロックの思想的な影響下に近代的な社会システムが構築されていきました。ロックは、私的所有権を人間の本性に根ざした自然の権利と考え、それを守るために契約によって「社会」を作る社会契約論を唱えました。それまでの人々が「社会とはこういうもの」と考えていた神学的な世界観を括弧に入れ、「人間の本性とは何か」を一から考え直して社会を描き直しました。それが現在の私たちが生きている社会の青写真になったのです。

ロックは、君主が神から統治する権利を与えられたとする王権神授説を退け、統治者に対して抵抗する権利を社会契約論の中で定めます。そうしたロックの議論は、経済力を背景に台頭してきた「市民」たちの強い支持を獲得しました。ロックの社会契約論は「新しい社会」を求める「市民」たちの欲望に応えるものだったのです。

ただし、このときの「市民」とは、現代の私たちがイメージするよりもだいぶ狭い概念であることは注意しておきましょう。それは、経済力をもつ富裕層に限定されるものでした[2]。ロックが主張する「私的所有権」の不可侵性は彼らにとって非常に魅力的な議論だったのです。豊かな財力をもつ「市民」が政治的・宗教的な権威から自分たちの財を奪われない権利を保護するものとしてロックの議論は歓迎されました。

実際に原典を読んでみれば明らかではありますが、ロックの社会契約論は、万人が認めざるをえない客観性の上に主張されるものではありません。もちろん、ロックは非常に細かく配慮された言葉遣いで当時の議論の文脈を踏まえて論述を展開していて、感心するほど鮮やかな議論をしています。しかし、肝心の「人間の本性」を示すときにその根拠を挙げるわけでもなく、かなり恣意的と思われる議論を展開しています。読者は様々な異論を思い浮かべることができますが、ロックはそんなことはお構いなしに「新しい社会」の人間の権利を唱えるのでした。様々な異論に配慮しながら慎重に議論を組み立てるというよりも、市民の支持を得ることがロックにとって重要だったのではないかといえばいい過ぎかもしれませんが、しかし、哲学の議論としては不満の残るものであることは間違いありません。それでも、ロックの議論は人々の支持を得て、今日の私たちの社会の基礎をなすものとして実際に定着していったのでした。ロックが提示する「新しい社会」の考え方はそうして、まずは18世紀のイギリスにおいて社会に浸透していったのです。

そうした「新しい社会」についての考え方の浸透に決

ジョン・ロック

定的な役割を果たしたのが、アダム・スミスとその学派の人々による資本主義的経済の「開発」でした。あえて「開発」と呼ぶのは、それまでなかったものが新しく作り上げられているからです。

実際のところ「経済学」と呼ばれる学問はスミス以前にも存在しましたし、スミス自身が「経済学者」であったことは一度もありませんでした。ですので、しばしば「経済学の父」とも呼ばれるスミスが経済学を作ったというのは正確ではありません。

しかしそれでも、スミスの「思想」がそれまでとは異なる「経済システム」を新しく生み出したのは確かです。今日の私たちが当たり前としているシステムは、やはりスミスに負うものと考えられるからです。では、それはどのようなものだったのでしょうか。スミスが提示した「思想」の中身を詳しく見てみることにしましょう。

アダム・スミスの「道徳論」

スミスが提示した「思想」とは、道徳に関するものでした。スミスは経済学者ではなく、道徳哲学者だったのです。「経済学の父」と呼ばれる契機となった『諸国民の富』という著作もまた、スミス自身の構想によれば、道徳や法の哲学の一部を構成するものと考えられていました。[3]

スミスの生きた18世紀の思想的課題は、まさに道徳をどうやって基礎づけし直すかということにありました。「市民」の台頭によって神学的な権威が弱められると、社会的な「よい／悪い」の判断基準をどこに求めたらよいかが曖昧になってきます。かつては神（あるいは神の威光を背にした君主）の権威によって善悪は明確に規定されていましたが、「新しい社会」を考えるにあたって、あらためて「道徳」を規定し直す必要が出てきたのです。

そうした中でスミスは、ある画期的な一歩を踏み出します。「共感はそれ自体快楽である」という議論を展開することで、神に代わる道徳の根拠を得ようとしたのでした。ぱっと見どこが画期的かわからないものかと思いますが、その中身を見ていきたいと思います。

アダム・スミス

他者への共感が共感する本人にとっての快楽になっているという点を強調することでスミスは、自分の快楽を得るために人は共感したがるという議論を展開できることになります。各人は自分の利益のために共感したがるというわけです。そうだとすれば、人々はまさに自分の利益を最大化するために、より多くのことをたくさんの人々と共感しようとすることになるでしょう。そこまで来れば後は簡単です。人はまさに自分の快楽のために、すすんで多くの人々と共感できる行為を選ぶことになり、それこそが「道徳」の機能を果たすのだとスミスはいうわけです。そこでは「多くの人々が共感できること」が「よい／悪い」を判断する基準として位置づけられることになります。人々は多くの快楽を得るために積極的にその基準を内面化し、それを規範として行動するようになるというのです。

このスミスの道徳論には、明確なメリットがあります。それは社会的な善悪を完全にボトムアップで決められるという点です。そこでは、何がよくて何が悪いかを判断する基準を外部の権威に求める必要はありません。「よい／悪い」の基準は、一部のエリートによってトップダウンで判断されるのではなく、人々の共感の中から生み出されるものとして位置づけられます。スミスの道徳論は、その限りにおいて「道徳の民主主義」といいうる仕組みを提案しているということもできるでしょう。人々がそれぞれに自分の快楽を得ようとした結果、生み出される規範は人々のリアルな欲望を総合したものになっているはずです。外部の権威によらず内在的に「道徳」の内実を決定できるというのがスミスの道徳論の大きなメリットとなっているのです。

個人の利益追求によって社会的な善悪が決まる

またこの理論においては、個々人はそれぞれ自分の快楽を追い求めているだけで、その結果として社会全体の善悪の基準が定まるという点も大きな特徴になっています。スミスによれば、この仕組みの中では、誰かが社会全体のことを考えて何が「よい／悪い」を判断する必要はないと見なされます。「哲学者」のような人間は（まさにこの本の試みのように）好きこのんで社会システム全体の批判をやろうとするかもしれないが、それが何の役に立つというのか。そうした試みは、ボトムアップ型の道徳システムを破壊するものでしかなく、エリート主義に戻るだけではないかというわけです（ちなみに、この本はスミスとは別なかたちのボトムアップ型経済を提案するものなので、スミスのこの批判はあたりません）。

それよりも、個々人がそれぞれ自分の利益だけを考えて行動する方が、結果として導き出される社会的な道徳の「公平性」を担保できるとスミスはいうのでした。

「自然の欺瞞」：騙されたっていいじゃないか

しかし、容易に想像できるように、善悪の判断を共感に委ねるスミスの戦略は、ひとつの根本的な問題を孕んでいます。というのも、多くの共感を集めるものが「よい」という判断がなされる唯一の基準になるとすれば、後から振り返ってその判断が「間違っていた」ということも多く出てくることが予想されるからです。そのときはみな「よい」と思っていても、長期的な視点で考えたときには誤りだったということをこの仕組みは回避できません。何しろ多くの人々の共感を得ることが道徳的な正しさの唯一の基準なのですから、長期的な視野で警告を発する少数派が無視される構造がはじめからシステムに組み込まれているわけです。資本主義の欲望の波の中で気候変動への対応を求めても、それが経済的利益に還元できない限り社会全体としては何も動かないというのがよい例です。

こうした問題に対して、スミスはどう対処するのでしょうか。スミスがこの問題に気づかなかったわけではありません。この道徳のシステムが「流行（fashion）」に流されることをスミスは自ら指摘しています。ですので、自分が構築しようとしている仕組みが問題含みであることをスミスはよくわかっていたわけです。では、この問題に対してスミスはどう考えたのでしょうか。

驚くべきことにスミスは、このことに対して「それでいいのだ」というスタンスを採りました（もう少し正確にいえば、スミスは晩年になって版を重ねる中で「きちんと徳をもった道徳が実現されるべき」という修正を加えています。が、それはすでにスミスの「経済学」が巣立った後のことでした）。スミスにとって重要だったのは、あくまでボトムアップで内在的に善悪が決まるシステムであり、それを離れて外部から善悪の基準を導入することは避けるべきと考えられたのでしょう。

スミスは、人は誰も神の視点で「正しさ」を判断することなどできないのだから、人間が限られた視野で誤りを繰り返すのはむしろ当然のことだと主張しました。人々がそうやって自らの欲望に従って過ちを繰り返すことで、最終的には「神の見えざる手」によってよい方向に導かれるとスミスは考えました。こうしたスミスの主張に神学的な前提が含まれていることはあらためて確認しておいてもいいでしょう（実際にスミスの議論はプロテスタント神学の伝統の上に構築されています）。今日の私たちの経済システムがそうした宗教的希望の上に構築されていることはよく考えておくべきだと思います。

スミスが挙げる具体例に即して見てみましょう。野心をもった貧しい人が金持ちになりたいと憧れ、努力を重ねる情景をスミスは活き活きと描き出しています。「彼は何か骨のおれる専門職において自分を際立てようと苦心する。もっとも頑強な勤勉さをもって彼は自分のすべての競争者にまさる才能を獲得するために日夜苦労する。つぎに、それらの才能を公共の目にふれるようにするために努力し、同じ熱意をもってあらゆる就職の機会を懇願する。この目的のために、彼は全人類に対して機嫌をとる。彼は自分が憎む人々に奉仕し、自分が軽蔑する人々にへつらう」[4]。現代の私たちの誰かをスミスが予見しているかのようですね。この貧しい青年は、資本主義社会が要求するステップを踏み外さないように細心の注意を払いながら登っていきます。「金持ちになりたい」というのは彼自身の望みですが、まさにその彼自身の欲望に従うことでこの青年は困難な道を歩むことになるのでした。その努力は報われるのでしょうか。スミスは続けます。

全生涯にわたって彼は決して到達できないかもしれない観念を追求する。その観念は「優雅な憩い」という作られたものだが、そうした観念のために、彼はいつでも自分の力のおよぶ範囲に存在する本当の平静を犠牲にしているのだ。もし彼が老齢の極みにおいてついにそれに到達するとしても、その観念は、その代わりに放棄したあのささやかな安全と満足に、いかなる点で優るものではなかったことを知る。そのとき、すなわち、生涯も最後の数年になって、彼の肉体は苦労と病気で衰弱し、彼の精神は自分の敵たちの不正、味方たちの背信忘恩によって被った無数の侵害と失望の記憶によって苛立って怒っている老齢の極みにおいて、彼はついに、その富と地位が取るに足りない効用をもった愛玩物にすぎないことを悟るのだ。

散々な書きぶりではありますが、スミスはここで、自分の欲望に突き動かされ限定された視野で「流行」に流される人物を描き出そうとしています。長期的な視野で見れば「間違いであった」と見なされるようなことを人間はやってしまうというわけです。ここではその具体例として、資本主義経済における「成功者」の像を描き出しています。「そこまでひどく書かなくとも」というようなスミスの書きぶりではありますが、しかし前述のようにスミスは、こうした「間違い」をたくさん産み出すようなシステムについて「それでいいのだ」と考えたのでした。

自然がこのようにして私たちをだますのは、いいことである。人類の勤労（industry）をかきたて、継続的に運動させておくのは、この欺瞞である。最初に彼らを促して土地を耕作させ、家屋を建築させ、都市と公共社会を建設させ、人を厳正かつ高貴で美しいものとするすべての科学と技術を発明改良させたのはこれなのであって、それが地球の全表面を変化させ、自然のままの荒れた森を快適で肥沃な平原に転化させ、人跡未踏で不毛の大洋を、生活資料の新しい資源とし、地上のさまざまな国民への交通の大きな公道としたのは、これなのである。〔中略〕彼らは、見えざる手に導かれて、大地がそのすべての住民のあいだで平等な部分に分割されていた場合になされただろうものとほぼ同一の生活必需品の分配を行うのであり、こうして、それを意図することなく、それを知ることなしに、社会の利益を推し進め、種の増減に対する手段を提供するのである。

先の「成功者」のように「流行」に流され、自分自身の欲望に「騙された」と感じられるのは個々人のレベルのことにすぎません。社会・経済の大きなスパンで見れば、そうした「無駄」なことの積み重ねこそが、人類の発展を推し進めてきた原動力にほかならないとスミスはいうのです。「神の見えざる手」は、そうして人々を欺きながら、結果として人類をよい方向へ導いていくのだとスミスは考えたのでした。

「経済学」への応用

さて、こうしたスミスの道徳論が、現代の私たちの経済システムにどうつながっていくのでしょうか。スミスの道徳論と経済学を結びつけることは、しばしば研究者においても困難と見なされますが、こうやって見てくるとスミスの経済学が道徳論の展開の上に成り立っていることが思いの外はっきりと見えてくるように思われます。

『諸国民の富』で展開される議論が道徳論とどう結びついているのか、先に見通しだけつけておきましょう。個々人の欲望の総和として導き出されるボトムアップの「道徳的正しさ」は、経済学において市場原理と呼ばれるものに結実していくことになります。個々人がそれぞれ限定された視野で自分の欲望に従って他者との物のやり取りをする中で「公正」な価格が決定されるというのが市場原理でした。個々人の欲望の総合が「見えざる手」に導かれて「正しさ」を内在的に立ち上げる仕組みこそ、現在の私たちがその中で生きている経済システムにほかならないのです。

分業

少し進みすぎたのでもう少し立ち戻ってみます。『諸国民の富』におけるスミスの顕著な功績は、分業による生産性の向上を示したことでした。今日の経済学の基礎となった議論がどの点で道徳論と関わるのか、きちんとした接点をみたいと思います。

スミスが提唱した分業とは、それまでひとりの職人がやっていた仕事の工程を分割し、それぞれの工程に別の人間を割り与えるだけで生産性が飛躍的に向上するという議論でした。使われている道具は同じ、働いている人間の数も変わらなくても分業制を導入するだけで1日あたりの生産量が上がるとスミスはいいます。生産に関わる要素がまったく変わっていないのに生産性が上がるといわれるのは、なぜでしょう。

スミス自身がいくつか理由を挙げていますが、もっとも重要と思われるのはスキマ時間の排除だと思われます。それまで職人の仕事は、全工程にわたる生産を請け負い、生産された物について自ら責任をもつ立場にありました。それゆえ、常に「全体」を見通しながら、それぞれの工程において多少なりとも試行錯誤を繰り返しながら作業を重ねることが求められました。各工程での出来栄えを確認したり、次の工程での新たな工夫の可能性に思いを巡らしたり、決して「怠けている」とはいえないわけですが、正味の作業時間にとっては「スキマ」となるような時間を発生させながら作業をしていたわけです。

しかし、生産量の増加という観点だけで考えると、そうした時間は「無駄」と見なされます。全体を見通して「よりよいもの」を作ろうなどと考えるのは作業者の楽しみにはなるかもしれませんが、生産量の増加には結びつきません。実際に工夫をして必ず「よいもの」ができるわけでもなく、製品の品質向上と管理は専門の別の人間に任せた方がより効果的でしょう。

分業制を導入することで、作業者の専門性を高め作業効率を上げることができるとスミスはいいます。作業のための道具も関わる人員の数も変わらなくとも「無駄」なスキマ時間を排除し特定の作業に関わる正味の時間を詰め込むことで生産効率を高めることができるのです。

社会分業制

スミスの分業論の眼目は、単にひとつの工場の中での生産性を上げるということにとどまりませんでした。スミスの企図は、この分業制を社会全体に広げることにあったのです。それぞれの人々が特化したスキルを磨き、生活のために必要とされる他の作業を差し置いてでも競って専門性を高めながら経済を回した方が、社会全体において遥かに高い生産性が実現できると主張しました。各人が脇目も振らず目の前の自分の仕事に注力すること、全体のことに思いを巡らせ社会を「よりよく」しようなどといった「無駄」なことは考えないこと、個々人が限られた視野で自分の欲望だけに突き動かされること、こうした社会分業を徹底することで、社会全体の生産力を飛躍的に高められるというのがスミスの主張だったのです。

スミスが提案した社会分業制がまさに現代の私たちの生活様式を作っているということは、あらためて指摘するまでもないでしょう。実際、現代の私たちはあまりに忙しく「よりよい社会」のことをじっくり考えて行動しようなどということは時間的金銭的に余裕のある人々の「贅沢」のようなものになっています。社会正義について思いを巡らせることは学生のうちにはありえたかもしれませんが「社会人」にもなれば、目の前の仕事に注力することが求められ、「そんな時間はない」というのが一般的なあり方なのではないでしょうか。「社会全体の正義」を考えても目の前の仕事の利益につながらなければ、単なる「絵空事」のように思われます。現実の社会を規定しているのは「経済」なのだというわけです。こうして私たちの社会では実際に「スキマ時間」が排除され、競争の中で専門性を特化させて自分の「価値」を上げることだけが意味をもつような仕組みができ上がったのでした。

「お金」を媒介にした交換の全面化

しかし、こうした社会分業制が成立するためには、ひとつ大きな前提があります。それは「お金さえ稼げば生活に必要な物資は賄える」という信頼が社会全体に浸透していないといけないということです。

いまの私たちの社会ではすでに十分に社会分業制が浸透していますので、お金を稼げば生活が成り立つというのは当たり前のことのように思われます。しかし、少なくともスミスの時代にはそうではありませんでした。少し考えてみれば明らかではありますが、お金を稼いでも必要なときに必要なものと交換できる社会的基盤が成立していなければ、もしものときに備えて自分で畑を耕すとか、必要な資源を確保する手段を身につけるとか、生きるためにやらなければならないことがたくさんあるわけです。とてもではありませんが、いつ役に立つかわからない「お金」を稼ぐためだけに全生活のリソースを割り振ることなど危険すぎてできないといわざるをえないでしょう。人々が安心して「自分の目の前の仕事」に注力できるためには、仕事の対価として獲得する「お金」によって、他人の労働の成果物を獲得できる見通しが人々に共有されていなくてはならないのでした。

道徳としての市場原理

では、スミスの時代には当たり前ではなかった考え方は、どうやって人々に浸透していったのでしょうか。実際には一気に広がったわけではなく、市場経済の規模の拡大に応じて、徐々に生活に浸透していったというのが妥当な答えだと思われますが、しかし、そのためにもひとつ超えなければならない理論的なハードルがあります。人々が自分の労働によってお金を得て、生活に必要なものをお金によって獲得できるためには、今日はこれも当たり前のことではありますが、「交換のレート」が安定している必要があるのです。

お金を介した交換が一般的になっていない市場を考えてください。交換の相場は確立しておらず個別の交渉によって決まるような状況です。自分の労働の成果物(例えば、麻の生地)を市場にもっていき、自分がほしいもの(例えば、コーヒー)と交換する際、一定上の安定したマーケットであれば、まずは自分がもってきた麻の生地をお金に変え、そのお金でコーヒーを購入するということができるでしょう。しかし、そうしたことが可能なのは、各々の商品の交換のレートが市場全体である程度共有できている場合に限ります。というのも、麻の生地をお金に変えるとき、お金をコーヒーに変えるときのそれぞれの場合に交渉リスクが発生するようならば、面倒でも麻の生地をほしがっているコーヒー生産者を見つけて直接交渉した方がリスクを抑えられるからです。「お金」という交換の媒体には使用価値はありません。もし自分の生産物をお金に交換した後、誰もお金をもらってくれなければ、お金に変えるだけ無駄だったということになりかねないからです。それゆえ、自分の労働を安心してお金に変えるためには、マーケットの中で安定した交換のレートが定まっている必要があるでしょう。市場全体で同じ交換レートを共有するということが、人々がお金だけを稼いで生活できる仕組みが成立する必要要件になっているのです。

そのために必要とされるのが「市場原理」に対する信頼です。市場原理の中で決定した価格が最適なものであると人々が信じることができれば、人々は安心してお金だけを稼げるというわけです。市場原理とは、ひとことでいえば、各人が自分の欲望に基づいて行動した結果、みながいいと思うものの価値が上がり、そうでないものの価値が下がって、適正な価格に落ち着くというものです。人々の欲望を総合した結果、見えざる手が働いて物の「よし／あし」が決まります。実際に市場原理で決定される価値が「フェア」なものであるためには、完全自由競争が成立している必要があるわけですが、理念の上で語られるその理想状態が実現するためにはすべての人々が市場原理のフェアネスを完全に受け入れる必要があるでしょう。つまり、完全競争の理想を共有し、市場原理で決まる交換レートを共有することが、お金を介して他者の労働の成果を獲得する仕組みが実現するために不可欠の要因となっていることがわかります。市場原理とは、そうして社会における「正しさ」を共有するための媒体であり、その意味において、スミスの道徳論の延長線上に正確に位置づけられるものということがわかります。人々の欲望を総合することでボトムアップで社会内の「価値」を決めるというスミスの思想が、こうして他人の労働の成果物を獲得するために「お金を稼ぐこと」だけが求められるシステムを社会に導入することになったのです。

資本主義経済における「自由」

近代社会において私たちが獲得した「自由」や「平等」は、こうした資本主義経済の社会実装との関係で理解すべきものと考えられます。

「自由」も「平等」も共に私たちの社会の基礎となる重要な概念ですが、それぞれ鋭く対立する2つの意味をもっています。ロックの社会契約論に由来する自由・平等についての考え方とルソーの思想に由来するものでは、単に異なるだけでなく鋭く対立するものになっているのです。[5]

では、資本主義経済の導入によって、私たちはどのような「自由」「平等」を獲得したのでしょうか。まずは「自由」から見てみます。

資本主義経済は、お金を稼ぎさえすれば生活に必要なものを獲得できる仕組みとして導入されたということをみましたが、私たちが獲得した「自由」とはまさにそのことにほかならないということができます。お金を稼ぎさえすれば、他者の労働の成果物を獲得できるということが私たちの獲得した「自由」にほかならないのです。これはどういうことでしょうか。

資本主義以前において人は生活に必要な物資を獲得するために「緊密な人間関係」を維

持する必要がありました。人々の生活の基盤は具体的な人間関係に依存しており、その関係の中で生活に必要な物資を獲得しなければ生きていけない状態がありました。

しかし、お金を稼ぐだけでそのほかのものはお金で交換できるシステムが導入されることで、人々は人間関係の束縛から「自由」になることができました。生きるために共同体のルールに従わなければならなかった「前近代」の状況から、お金さえあれば誰も文句もいわず他者の労働の成果を獲得できる「近代社会」が実現しました。お金さえあれば、いつでも「関係ないだろ」と他者からの束縛を突っぱねることができるというのが私たちのもつ「自由」の内実であるわけです。

ただ実際のところ、何をするのも「自由」なはずの社会の中で、「お金さえあれば」という条件が明白な規範を形成するというのがアダム・スミスの議論の要点でした。スミスが示した「成功者」の例で見たように、お金を稼ぐために私たちは資本主義経済が示す「道徳」に従わなければなりません。とりわけ、はじめにお金をもっていない人間にとっては、名目上何でもできる「自由」が与えられているといわれますが、お金を得るために専門的なスキルを身に着け、人々の欲望に叶う商品を提供し、厳しい競争の中で勝ち残らなければならないのでした。各人はそうして自分の欲望を実現するために資本主義経済の規範を内面化することが求められます。私たちの獲得した「自由」とは、まさにそうしたあらゆる束縛からの解放であると同時に、各人の欲望に従って資本主義経済の「道徳」の内面化を求められるものだったのです。

奴隷解放と「平等」の実現

「平等」についてはどうでしょうか。これも「自由」と同じく近代社会が成し遂げた大きな成果ということができるでしょう。「近代化」の過程で私たちは身分制を廃し、誰もが同じ立場で参加できる社会を作りました。実際に獲得された私たちの「自由」が、資本主義経済の社会への浸透の結果として生み出されたものだとしたら、「平等」についてはどうでしょうか。

通常、近代化が語られる場合には「自由」だけでなく「平等」も、経済の問題ではなく、政治の結果として描かれることが多いと思われます。私たちは「平等」を実現しようとして政治的に奮闘し、そしてそれを勝ち取ったのだと。実際、身分制の廃止などは革命等による政体の変更と密接に関係していますので政治的な側面を無視することは到底できません。しかし、それだけで本当に「近代化」の内実を語ったことになるでしょうか。なぜ世界の国々は、19世紀以降、同時的に類似した政体へと変わっていったのでしょう。そこに存在する内在的な動機を見る上で、先行してイギリスが導入した資本主義経済の機能を評価する必要があるように思われます。「自由」がまさに経済との関連で理解できるとすれば、「平等」はどうなるでしょうか。奴隷解放の例で考えてみます。

「経済学の父」としての業績に比してあまり知られていませんが、アダム・スミスは奴隷解放論者でもありました。スミスは実際に奴隷を使っている資本家に対して奴隷解放を訴え、そしておそらくは実際に彼らを動かしたと考えられます。

というのも、スミス以前にも主に人道的な理由を挙げて奴隷解放を訴える言説は存在し、奴隷を使って作った商品は買わないようにしようという不買運動も行われていました。しかし、現代においてグローバルサウスの搾取を暴いて展開される不買運動が残念ながらそうなっているように、そうした声は主流の経済システムを変えるには至りませんでした。何しろ奴隷制は資本主義経済の導入以後もしばらく生産体制の根幹をなしていた仕組みですので、単に人道的な理念を唱えるだけで変えられるものではなかったと考えられます。

その中でスミスは、奴隷解放を唱えます。人間は「平等」であるべきだというのです。なぜでしょう。そこには経済原理に基づく極めて現実的な考え方がありました。

奴隷を使い続けるか、奴隷を解放するか、どちらが「お得」かを考えてくれとスミスはいいます。奴隷を購入するには大きな初期投資が必要ですし、彼らの所有権を獲得してもランニングコストはゼロではすみません。まがりなりにも住居を用意し食事も提供しなくては彼らは死んでしまいます。そして死んでしまえば、初期投資が無駄になってしまうわけです。そして何よりも奴隷は強いられて労働するわけですから高い生産性を望むことはできないでしょう。嫌々ながら無理やり働かせてもコストに見合う生産性は期待できないのです。

それより奴隷を解放してみなさいとスミスはいいます。まず奴隷を購入するコストをなくせます。労働者を雇うにはもちろん奴隷と違って給料を払う必要がありますが、分業制による単純労働の導入によって賃金を安く抑える仕組みができています。単純労働をさせる分には熟練させるためのコストは低く抑えられますし、「嫌ならやめろ」と簡単に首を挿げ替えることができるようになったのでした。奴隷の生活を維持するための家賃や食費等のコストを考えれば、安く抑えられた労働者を雇うのにそれほど多くのコストをかけずにすみます。

そして何よりも重要なのは、労働者は「お金を稼がなければ生きていけない」状況におかれているため、奴隷よりも能動的に働くという点です。彼らは最低限、職を失わないように頑張る必要がありますし、彼ら自身の欲望に基づいて一生懸命働く動機づけを自分たちで用意してくれます。奴隷の生命維持をオーナーがまるごと引き受け面倒を見なければならない状況と比べてみてください。安い賃金で一生懸命働いてくれる労働者を外部から調達できた方が、長い目で見てよっぽど経済効果が高いでしょう。それゆえ、奴隷は解放した方がいいというのがスミスの議論だったのです。

人々が市場原理のフェアネスを共有し、資本主義経済の「道徳」を内面化するためには労働者の間の「平等」は不可欠のものといわなければなりません。完全競争のもとでフェアネスが達成されるためには、みなが同じ条件で競争することが必要とされるのでした。スミスの奴隷解放論はそれゆえ、単なる資本家に向けたコンサルティングではなく、彼自身の構想に基づいた一貫した主張というべきものと思われます。奴隷もまた労働の担い手であるからには他の労働者たちと同様に「自由」でなければならないと考えられたのです。

しかし、資本主義経済の中から内在的に要求される「平等」が、あくまで労働者が自由競争するための条件の平等であり、資本家と労働者の間の「平等」ではありえなかったことは、スミスの影響下に形成された自由主義者たちの動きを見れば明らかです。自由主義者たちは、19世紀イギリスにおいて、労働者に資本家と同様の権利を与えることに徹底して反対をしたのでした。奴隷解放を推進しながら労働者が政治力をもつことは決して許さなかったのです。

労働者が集会を開き団結して賃金交渉をすることも「自由競争」を阻害する行為として取り締まりの対象にされました。彼らに選挙権を与えれば資本主義経済の体制自体が揺るがされる危険があります。労働者たちは「個人」として限定された視野で社会全体の「正義」について思いを巡らせるような「無駄」なことをせず、目の前の仕事に従事し続けるべき存在と見なされたわけです。

「平等」という概念は、資本主義経済が内在的に要求するものとしては、あくまで労働者が自由競争をする条件として求められるものだったことが、こうして理解できました。実際、今日「労働者の権利」として私たちが獲得しているものや労働者も含めたすべての人間に選挙権を与える普通選挙制は、資本主義経済が要求するものではなく、次章で見るようなルソーの社会契約論に基づくものです。「近代化」の過程で私たちが獲得した「自由」や「平等」は、まずもって資本主義経済の中で内在的に要求されるものであり、普通選挙制や労働者の権利が確立したのは近代社会が成立してだいぶ時間が経ってから、しかもまったく異なる思想に基づくものでした。資本主義経済が求める「平等」は、あくまで労働者間の競争の条件の同一性を保証するものであり、政治参加の権利を含むものではなかったのです。[6]

自由主義の進展と労働者の貧困化

「自由」や「平等」について、経済ベースで捉える方法はあまり馴染みがないと思われますので、すぐに同意していただけるかわからないところもありますが、資本主義経済における「平等」が競争の結果もたらされる格差を是認するものであるという点では一致できるかと思います。公正な競争の結果として生み出される「格差」は、それ自体「公正」なものであって、各人が自分の責任で引き受けるべきものと見なされるのでした。「平等」とは、競争の結果、社会全体に配分される財が均等であることを意味するのではなく、労働者として競争をする条件を同じくすることを意味するというわけです。市場原理を徹底する中で導き出された結果を恣意的に操作することは「不道徳」であるとさえ見なされる可能性があるでしょう。市場原理主義の立場を採る人々が、政府による介入をなるべく小さくすることを求め、社会福祉による財の社会的な再分配に難色を示すのは、単に税金を取られたくないというよりも「ルール」を枉《ま》げることへの抵抗と捉えるべき側面もあるわけです。

しかし、この資本主義の「道徳」の徹底は、19世紀イギリスにおいて目も当てられないほどの悲惨な貧困を生み出しました。アダム・スミス学派の理論の上では、社会全体の生産が増大すれば末端の人々に至るまでその恩恵を受けられるといわれていました。何しろ、人々は「自由」を与えられ「平等」な条件で競争しているはずなのですから、その中で勝ち負けが発生するのは当然にしても、一方的に格差が拡大することはありえません。一時的に格差が発生することがあったとしても、社会全体の底上げの中で環境は次第に改善されていくと信じられたのです。

ですが実際に実現したのは、悪い方向へ傾き続ける労働環境でした。労働者の一日の労働時間は14時間を超え、労働者の子どもたちは生活を維持するために早ければ4歳には働きに出されました。当時の労働者の要求といえば、児童の労働は12時間までにしてほしいというものだったのです。大都市のまわりには労働者のスラム街ができ、劣悪なインフラの中で労働者たちは生きるか死ぬかというギリギリの生活を強いられたのでした。

奴隷のように強いられて労働しているわけではなく「自由」が認められているわけだから、そうした状況に甘んじ条件のよい仕事を見つけないのは彼らの怠惰によると断じることもできるかもしれません。何しろ資本主義経済のルールは「平等」であって、状況を改善しようと思えばできる「自由」をもちながらその努力を彼らが怠ったならば、その結果は、彼らが引き受けなければならないというわけです。

しかし、理論上の「フェアネス」によって現実の問題を覆い隠すのは「フェア」とはいえないでしょう。「お金を稼がなければ生きていけない」という資本主義の経済のルールは、社会の周縁に置かれる人々に対して非常に過酷なものとして突きつけられることになるからです。「お金を稼がなければ生きていけない」ということは、つまり、劣悪な環境の仕事であっても、それを引き受けなければ実際に死んでしまうということを意味するからです。「生きるか死ぬか」という状況での選択に「自由」はありません。むしろ、市場原理の「自由」はこの場合、賃金をいくらでも切り詰められる方向に作用します。というのも、労働を引き受ける方には事実上選択肢がないわけですから、コストを抑えようとすれば、なるべく安い賃金を提示することは経済的にいって極めて合理的な選択となります。同じ労働力を安く買える「自由」があるならば、安い方を選ぶのは当然のことです。

こうして、ある意味では必然的に、労働者には死なない程度の賃金を与えるのが最も合理的であるという結論が引き出されました。市場原理の道徳に従うならば、奴隷ならざる労働者が奴隷以上に過酷な労働環境に置かれることは、必然の流れだったのです。

こうした状況下で、資本主義の経済システム自体に疑問を提示し、社会改革を行おうとする運動が立ち上がります。イギリスでは「資本主義経済システム」として実現した「近代社会」の体制の中で「労働者の権利」を獲得しようとする運動に展開しましたが、そのほかの国では、よりラディカルに資本主義を基礎にした「近代社会」を廃止し、まったく異なる「近代社会」を作ろうという動きも出てきます。マルクス主義による革命運動とファシズムです。

次の章では、第二次世界大戦に至る歴史の動きを追いながら、現代の私たちが実際に生きている「戦後」の社会構造を見ることにしましょう。そのことによって、現在進行形の現代の様々な問題の根が明らかになるはずです。

第2章

理想の社会を作ろうとする試みはなぜ失敗し続けるのか

――もうひとつの「近代社会」と戦後秩序

「反資本主義」の共通点

第1章では、資本主義経済の構造を確認しました。「お金を稼がなければ生きていけない」という仕組みは、アダム・スミスの道徳哲学を基礎にでき上がったものであり、近代化の過程で私たちが獲得した「自由」や「平等」といった基本的な考え方も、資本主義経済の中から成立したものであることが見えてきました。お金さえもっていれば他者関係に縛られず何でもできるという「自由」は、そのお金を稼ぐために人々が自ら進んで資本主義経済の「道徳」に従うよう促すものでした。奴隷解放を実現させた「平等」もまた、生きるための競争を強いることにおいて労働者を企業に従属させる機能を果たしました。実際、歴史的な経緯を見れば明らかなように、「近代化」の過程で実現したのは、まずもって資本主義経済における「自由」と「平等」だったのです。労働者が政治参加する権利は、ルソーの社会契約論を源流とする資本主義経済とは別の運動によって後から勝ち取られたものでした。

初期の社会主義運動は、よく知られているように、すでに成立していた「近代社会」の中でしばしば弾圧の対象にされました。「民主主義」を語り「自由」と「平等」を重視する運動が弾圧の対象にされていたというのは、今日からすると奇異に感じられる部分もあるかもしれません。明治維新によって日本はすでに「近代化」していたはずなのに、社会主義的な民主主義は拒否されていたのです。

「近代化」なるものを単一の現象として捉える観点からすれば、戦前の「民主主義」は不完全なものだったと考えられます。実際、戦後の知識人たちはファシズムに陥った戦前の日本の体制を「村社会的な意識」を残した不完全なものと考え、真の意味での「近代化」が必要と訴えました。[1]しかし、そうした捉え方は、ファシズムの理解として誤っているだけでなく、戦後民主主義を神話化することにおいて危険な側面をもつと考えられます。[2]ルソーが語る「民主主義」は、ロックの社会契約論を基礎に成立した社会を「敵」として認定し、その乗り越えを目指すものでした。ルソーは、ロックとはまったく異なる「近代社会」を提案したのであって、2つの「近代化」を混同することはできません。[34] この後詳しく見るように「戦後民主主義」においては、この2つの「近代化」が奇妙なかたちで同居することになったのですが、明確に対立する2つの社会像が同居した状態を「近代化」の完成形と見なし歴史をそこに至るまでのひとつの線で理解してしまえば、現代の私たちの社会で問題になっていることの本質が見えなくなってしまうでしょう。

では、その「まったく異なる近代社会」とはどのようなものだったのでしょうか。まずはルソーの社会契約論の内実を見ていきたいと思います。そうすることで、資本主義経済を乗り越えようとしてきた、これまでの様々な試みが、ことごとく失敗し続けてきた理由も明らかになるはずです。

もうひとつの「近代社会」

18世紀中葉にルソーが社会契約論を発表した当時、フランスはまだ絶対王政下にありました。フランスの思想家たちは、イギリスで一足先に展開されていた「近代化」を横目に

ジャン＝ジャック・ルソー

見ながら、内部で活発な議論を繰り広げていました。平民出ながら貴族のサロンに出入りしていたルソーは、ロックの社会契約論の影響の下で展開されていた当時のフランスの啓蒙運動に、違和感を覚えます。ロックの描く「近代社会」は結局、すでにもっている人々を守るためのものなのではないかというわけです。フランスの啓蒙主義者たちとルソーの軋轢は、ルソーの被害妄想癖なども絡んで単純にはいきませんが、明確にロックを「敵」と認定して書かれたルソーの『社会契約論』が、啓蒙主義者たちの不興を買ったことは想像に難くありません。そこでルソーは、イギリスで実現しつつあった「近代社会」を全否定し、まったく別の「近代社会」を提示したからです。

ルソーによれば人間がその本性に即して生きていたときには互いに慈しみ合って平和な状態だったといわれます。ロックが自然状態に私的所有権を設定したことと対比してみていただければ、ルソーの企図は明らかです。ルソーによれば、人々が土地に柵を立て「私的所有」をいい立てるようになったときから人間の頽落がはじまったといわれるのでした。人間がもともともっていた自然本性に即した生活が失われ、互いに競争し合うような社会になってしまったとルソーは嘆きます。ロックが描き出した「近代社会」は人間の自然を破壊したのだとルソーはいうのです。だからこそ、失われた自然を取り戻すような社会契約をしなければならないとルソーはいいます。人間をお金を媒介にした関係に分離する「近代社会」を否定し、それに代わるべき「新しい社会」を提案したのです。

では、ルソーはどのような社会契約を考えたのでしょう。ルソーの社会契約において人々は、まず自分が所有するものをすべて放棄することを求められます。互いに自分の物の権利をいい立てることなく、誰もが同じ条件で社会に参加するために、すべての人が自分のもつすべてのものを放棄しなければならないとルソーはいうのでした。

その上で人々は、共同体の一般意志を自分の意志にするよう求められます。「一般意志」とは、個々の意志の寄せ集めではなく、単一で分割不可能なものだとされます。共同体の全員がひとつの同じ意志を完全に共有することが社会契約の条件だというのです。

そうして、共同体の意志をみなで共有できたならば、そこではじめて最初に投げ出した自分の所有物が持ち主のもとに戻されることになるでしょう。一般意志の共有を挟んで、最初に放棄したものが戻されるというのですから、そこに「損」はありません。実際のところ、ルソーの考える「近代社会」では、一般意志の名のもとに様々な福祉政策を行うことが想定されているため、戻ってくる財産からは一定割合の「税金」が徴収されるものと考えてもらった方が分かりやすいと思われます。しかしその場合でも、その減額を「損」と考えることはできません。共同体の一般意志は自分自身の意志にほかならないと認められたはずですから、徴収された「税金」を用いて政府が福祉政策を行うこともまた「自ら望んだこと」と考える必要があります。社会契約を完了して戻された所有物が少しぐらい目減りしていたとしても、そこに「損」があったと考えてはならないのです。

こうしてルソーは、今日の私たちが知っている「近代社会」のもうひとつの姿、すなわち「福祉国家」としての共同体のあり方を示してみせました。しかしこれが、資本主義経済が浸透する中で実現した「近代社会」とは似て非なるものであることはいうまでもありません。

資本主義経済でもまた社会全体で共有される「正しさ」は、外部の権威によるのではなく、人々の欲望を総合したものでなければならないと考えられました。ボトムアップで「正しさ」を決定するアダム・スミスの道徳論は「民主主義」と呼ばれるべき要件を満たしていたわけです。

しかし、ルソーの描く「近代社会」は、人々が明示的に同じ意志を共有するものとして位置づけられます。「個人の自由」を基礎に社会全体の「正しさ」を「神の見えざる手」に預ける資本主義経済の仕組みは、ルソーから見れば、個々人をお金を媒介にした関係に分断するものと批判されることになるでしょう。人々がしっかりと議論をし、みなで同じ一般意志を共有できてはじめて「民主主義」が成立するとルソーはいうのです。同じ「近代社会」であっても、ロックとルソーではその内実はまったく異なるものと考えなくてはならないのです。

ルソーの「近代社会」における「自由」と「平等」

それは「自由」と「平等」という概念についても同様です。

前章で見たように、ロックに連なる資本主義社会において「自由」は「お金」を介して生活に必要なものをすべて手に入れられるようになることで束縛的な人間関係に依存しなくても生きていけることを意味していました。資本主義経済の中で私たちは「あなたには関係ない」と他者から距離をとれる「自由」を獲得したのです。

これに対してルソーのいう「自由」は、共同体の一般意志に従うことにほかならないとされます。共同体が定めるルールに従うのが「自由」だといわれるのです。少しわかりにくい議論ですが、ルソーの理屈はこうです。ルソーの描く「近代社会」に参加する人は、社会契約において共同体の一般意志を自分自身の意志にしなければならないのでした。ということは、共同体の一般意志に従うことは自分自身の意志に従うことにほかなりません。他方で「自由」とは、ルソーによれば、自分以外の何にも依らずに自分自身で自分の行動を制御できることだといわれました。だとすれば、共同体のルールに従うことは自分自身の意志に従うことであり、自分自身の意志に従って行動することが、すなわち「自由」であるということになります。こうしてルソーにおいては、結果としてみなで決めたルールに従うことこそが「自由」だということになるのでした。

資本主義経済における「自由」が「ほっといてくれ」というのものであったことを考えれば、その差異は明らかでしょう。ルソーの「自由」は、他者関係の束縛から人々を解放するものというよりもむしろ、共同体へと自らを積極的にコミットさせることだといわれます。同じ「自由」という言葉が使われながら、その内実は鋭く対立するものであることがわかります。両者は、一方を立てれば他方が成り立たない矛盾関係にあることがおわかりになりますでしょうか。資本主義経済とルソー主義が同居する戦後民主主義の枠組みの中に生きている私たちにとって、この矛盾する2つの「自由」という言葉は、ときに混同されながら、根本的な誤解の上に使われる可能性のあるものになっているのです。

「平等」という言葉についても同じです。ルソーの社会契約論において「平等」は、社会福祉を通じた富の再分配によって実現されるべきものとされました。具体的な再分配の方法についてルソーが詳しく論じているわけではありませんが、共同体の一般意志を各人が共有するという原則に照らせば、各人が自分の置かれた状況にある程度納得できている状況が想定されていると考えることができるでしょう。いずれにせよ、ルソーにおける「平等」が、自由競争の結果として生み出される格差を是認すべきと考える資本主義経済の「平等」と明確に対立するものであることは明らかです。資本主義経済においては市場原理のフェアネスを恣意的に歪めることの方が「道徳」に反すると考えられるのでした。ルソーの社会契約論における「道徳」は、みなで共有される一般意志にほかなりません。両者の考え方は「正しさ」に関して鋭く対立するものになっていることがわかります。

ルソー＝反資本主義

ルソーの描く「もうひとつの近代社会」の理想は、近代の歴史の中で資本主義経済の問題を乗り越えるものとして繰り返し参照されました。[5]

ルソーの死後、比較的早い影響としてはフランス革命がありますが、ルソーの思想に基づいた急進派はやがて「恐怖政治」をとるようになっていきます。ルソーの理想を実現すべく邁進したロベス・ピエールは、ロックの「平等」ではなくルソーの「平等」を真摯に追求した結果、かつての盟友も含め反対者を次々にギロチン台に送り続けることになりました。妥協を許さない「平等」の追求は、その意志を共有できない人間を「正義」のために殺すことを厭わないものになったのです。世界ではじめてルソーの思想に基づいて起草された１７９３年の憲法は、施行されることなく廃棄されることになりました。

　その後、資本主義経済を乗り越える運動として特筆すべき影響を世界に与えたのは、マルクス主義とファシズムでしょう。近代史におけるルソーの影響は実に多様ですが[6]、ここではその２つに絞ってみておくことにします。資本主義経済が社会に浸透していく中で労働者が極度に貧困化していく現象が現れたことは前章でみましたが、構造的に格差を生み出す資本主義経済を乗り越えるために台頭してきたのが、マルクス主義とファシズムでした。これらの運動は、互いに鋭い敵対関係にあり政治的に激しく争っていましたが、それは資本主義経済の中で貧困化していく労働者階級を共通の支持基盤としていたことがひとつの原因です。マルクス主義とファシズムはともに資本主義を打倒し、共有すべき一般意志を掲げることにおいて共通していましたが、その一般意志の内容を異にしていたのです。

マルクス主義

19世紀イギリスで労働者が貧困化していく中でアダム・スミス学派の経済学者たちは、そうした現象を一過的なものにすぎないと見なしていました。完全な自由競争が実現し、市場原理が徹底されれば、貧富の格差は緩和されるはずという経済学の理念に基づいて現実の問題に目を覆っていたのでした。マルクスはしかし、その中で資本主義経済の構造を精緻に分析し、構造的な問題点を浮き彫りにします。社会の構造を批判的に検討する立場にあるはずの哲学者が経済に対してはほとんど目を向けていなかった時代、資本主義経済の構造全体を批判的に検討する視点はそれまでにない画期的なものでした。その歴史的な意義と理論的な価値はなお高く評価されるべきものと思われますが、政治運動として展開された実践については手放しに称賛することはできないように思われます。資本主義経済を乗り越え、別なかたちでの「近代社会」を実現しようとしたマルクス率いる共産主義の運動は、結果的に「独裁」を生み出すことになったのです。それはマルクスの企図を取り違えた人々の暴走によるもので必然的な帰結ではないという人々もなおいますが、「独裁」への道はマルクス自身が敷いたといわざるをえないように筆者には思われます。

マルクスは、共産主義革命の実現を模索する中で「プロレタリアート独裁」を唱えるよ

カール・マルクス

うになりました。普仏戦争末期の混乱の中で成立した「パリ・コミューン」をきっかけにマルクスは、具体的な革命政府のあり方を検討しはじめます。実際の政治運動として、どのようにすれば共産主義の社会を実現できるかをマルクスは具体的に模索しはじめました。様々なオルタナティブ運動の失敗を参照しながら、マルクスは理想的な社会を作るための手段として一時的ではあっても労働者階級による「独裁」が不可欠と考えるようになります。労働者階級の独裁は、労働者階級を代表する共産党の独裁となり、やがて共産党内の権力闘争を産み出していったのです。

ルソーの社会契約論がそうであったように、理想の社会を作るためには共同体の「一般意志」をみなで共有しなければなりません。一般意志は唯一のものでなくてはならず「ある人々はこう考えるが別のある人は違う意見をもっている」などと分裂した状態になってしまうと上手く機能しません。「悲惨な現状を何とかしなければ」という問題意識を共有できたとしても、具体的な方策を考えるにあたって内部で意見が分裂してしまえば運動としての力は失われてしまいます。「労働者階級」が一丸となり、すべてのことを一律に決めていかなくては世界を変えていく大きな力は得られないとマルクスは考えました。それはおそらく、同じ理念を共有して社会を変えようとするときに不可欠の道筋だったということができるでしょう。マルクスが誤ったというよりも、理念を共有して共に社会を変えていこうとするルソー主義的な社会改革の運動が構造的にもつ陥穽《かんせい》だったと考えるべきであるように思われます。

マルクスの「プロレタリアート独裁」は、レーニンによる革命の実践の中で共産党の「一党独裁」へと結実していきました。共産党が「労働者階級」を代表し、労働者を「指導」する立場に立つことになったのです。レーニンの死後、スターリンによる独裁体制が確立するのも時間の問題でした。国内の反対勢力を銃殺し、同じひとつの意志の共有を強制する体制が確立します。これはひとりスターリン個人の狂気に求められる問題ではないでしょう。ルソーの「自由」とは、先にみたように、同じひとつの一般意志に服従することを意味していました。そこには「私は違う意見である」という「自由」はありません。一元化された権力が一丸となって同じ意志を共有する国民の強い紐帯を生み出すためには、必然的に「異分子の排除」が行われることになるのです。

ファシズム

マルクス主義とは別なかたちで民衆の「感性」に寄り添った運動がファシズムでした。ファシズムは、お金を介した関係に分断された諸個人の間で強いつながりを取り戻そうという運動として現れたのです。今日では「ファシズム」という言葉は完全な悪口でしかありませんが、社会改革運動として力をもっていた時代には、それは間違いなく「新しい社会」を実現するための旗を示すものとして人々の目に映っていました。「ファシズム」とは翻訳すれば「団結主義」と訳せる言葉ですが、資本主義経済の中で失われた人々の紐帯を取り戻すための運動として当時ポジティブな意味で受け取られたのです。

日本におけるファシズムの台頭は、暗殺を含む直接的な暴力によって「財閥政治」を排除しようとするものでした。革命を志す青年将校たちは、一部の資本家による政治・経済的な支配を脱し、天皇を中心とした真に平等な社会を実現することを求めました。格差を生む資本主義経済を乗り越え、人々がみな「天皇の赤子」として平等に生きられる社会をクーデタによって実現しようとしたのです。昭和天皇自身の拒否によってクーデタの首謀者たちは処刑されましたが、民衆の強い支持のもとに日本はファシズムに流されていくことになりました。（ドイツやイタリアで先行していたファシズムを模倣しながら）人々は一致団結して資本主義を乗り越え「新しい社会」を作っていく理念の共有を求められることになったのです。そうして日本は流動する世界情勢の中で、資本主義国家によって支配されていた植民地を「解放」するための戦争に乗り出すことになります。

ドイツのナチズムもまた「反資本主義」を前面に押し出すものであったことは、党の綱領に明瞭に示されています。第一次世界大戦の敗戦後、ナチ党のマニフェストには、多額の賠償金を要求された「ヴェルサイユ条約の廃棄」と並んで「地代徴収の禁止」「高利貸しの厳罰化」そして「ユダヤ人の排斥」が掲げられました。

歴史的にみてキリスト教ではずっと「高利貸し」が禁止されていましたが、ユダヤ教ではそうではありませんでした。そのため「宮廷ユダヤ人」と呼ばれる人々は、中世から貴族への資金の融通を行い、各国に散らばったユダヤ人同士の国際的なネットワークを通じた貿易のサポートを行ってきました。その歴史的な資本力を背景に近代化の過程で大きな経済力をもつに至ったユダヤ系の資本家たちがドイツ経済を陰で操っていると考えられたのです。

それゆえ、当時のドイツの民衆にとって「ユダヤ人排斥」は、「財閥政治の排除」と同じように、資本主義システムの中で不当に利益を得てきた（と見なされる）人々への報復という意味をもっていました。そして実際、ナチ党はそのマニフェストをもとに民衆の強い支持を獲得し、最終的に全権委任を受けるまでに至ったのでした。

その暴力性がどのようなものだったかについては、あらためて見る必要はないでしょう。ユダヤ人虐殺などの外部への暴力だけでなく、内部においても「一般意志の共有」が強要されました。[7] 同じ日本／ドイツ民族として「団結」し、ともに「新しい社会」を作ることが求められたのです。戦前・戦中期の反資本主義の運動は、ともに「もうひとつの近代社会」を実現するために、全体主義へと雪崩込んでいきました。

第2次世界大戦の対立軸：資本主義vs.反資本主義

このように考えれば、第2次世界大戦の対立軸は、資本主義vs.反資本主義と見ることができます。先に見たように、マルクス主義とファシズムはともに資本主義を乗り越え「新しい社会」を作ろうとする点では共通しているものの政治運動としては強い敵対関係をもつものとして展開されました。第2次世界大戦がファシズム体制を採る日本・ドイツ・イタリアの「枢軸国」と「連合国」との間で世界を二分する戦いになったことはよく知られていますが、スターリン率いるソビエトは、ご存知のように、最終的に連合国に参加することになりました。

しかしそれでも、ソビエトが枢軸国に参加して「四国同盟」を形成する可能性は少なからずあったようです。[8] ナチス・ドイツは、世界に「防共協定」を呼びかけて共産主義の拡大を防ごうとする一方でソビエトに近づいて中立条約締結まで持ち込んでいました。同盟の条件次第ではヒトラーが提案する「四国同盟」にスターリンが賛同する流れが実際に準備されていたことが知られています。ソビエトは、第2次世界大戦でファシズム国家が壊滅した後、冷戦下であらためて資本主義国家に対立する勢力として世界を二分していくわけですが、第2次世界大戦を生み出した契機自体が「資本主義vs.反資本主義」であったことは間違いないように思われます。枢軸国は、資本主義のシステムとして実現した「近代社会」を戦争という直接行動によって乗り越え、世界を「もうひとつの近代社会」で塗り替えようとしました。

その暴力性については先に見た通りですが、そこで暴力を生み出したのは何かということをきちんと評価する必要があるでしょう。ファシズムを単に「悪」とみなすだけでは、現代でまた同じことが起きても気づかずに進んでいくことになってしまいます。いまでは到底信じられないように思われますが、当時の人々は熱狂的にファシズムを支持していたのです。既存の社会の問題を乗り越えるために「新しい社会」の理想を共有し、みなが一丸となって実際に社会を変えていく感触を得ながら理想の実現のために突き進む人々の真摯な努力が壊滅的な悲劇を生み出したということを忘れてはいけないと思います。運動の当事者がどれだけ真剣に社会を変えようとしていても、やり方を間違えば同じ悲劇を生み出しかねません。みなで理念を共有して社会を変えようとする運動は、ルソーが示した一般意志の共有の問題を避けて通ることができないと思われるのです。

戦後の植民地解放

反資本主義の波が世界を攫《さら》った第2次世界大戦を経て、世界の秩序は大きく変化することになりました。それまで資本主義を採っていた国々の多くは、販路を確保するために多くの植民地を擁していました。そして、まさにその点がマルクス主義やファシズムなどの反資本主義による「批判」の対象になっていたのでした。生産力の向上によって必要以上に作られたものを捌くためには、ある程度自由に介入できる海外のマーケットが必要だったのです。[9]

しかし、第2次世界大戦後西洋諸国は、自発的に植民地解放を進めます。資本主義経済の発展のために植民地は不可欠と見なされていたのに、戦争に勝った資本主義国が自発的に植民地を手放しはじめたのです。そのような変化はなぜ起こったのでしょうか。

別なかたちの反資本主義が台頭し、再び批判の対象にされることを避けようとしたということも考えられます。反資本主義は「悪」であり、資本主義こそ人々に幸福をもたらすものだという意識が共有されるためには、資本主義が「悪」と見なされるような契機が残ることは許されなかったのかもしれません。植民地を擁することが資本主義体制の正当性を疑わせるものとなってはならなかったのです。

しかし、他方で植民地を解放しても宗主国として得てきた利得を放棄せずにすむ方法が、そのときすでに開発されていたということも大きな契機だったと思われます。実質的な利権に変わりがないのであれば、「植民地解放」を進めた方が見た目の上でも望ましいでしょう。後者については、しかし、解説が必要かと思われます。植民地を解放しても実質的な利権を保持できるというのはどういうことでしょうか。第2次世界大戦後の国際秩序の基礎になったウィルソン大統領の提案に、その点を理解する鍵があります。

戦後に設立した国際連合において「民族自決」が掲げられ、その理念をもとに各国の植民地解放が進められました。それぞれの民族は自分たちで国をつくり、自分たちのことを決めていくべきだとされました。その理念の確立にアメリカのウィルソン大統領がかつて提言した世界観が影響を与えたことはよく知られています。ウィルソンは第1次世界大戦時に「国際連盟」を提唱しましたが、アメリカはそこに参加できませんでした。ウィルソンが国内の政争に敗れ、その理念ごと否定されたからでした。その理念が第2次世界大戦後にようやく実ったといわれるのですが、しかし、そのウィルソン大統領がその理念を、アメリカが19世紀のあいだ採用してきた「モンロー主義」を世界に拡張するものと捉えていたことはあまり知られていません（正確にいえば、戦前の日本で「アジア・モンロー主義」が唱えられていた時代には「モンロー主義」の意味は正確に捉えられていましたが、戦後ファシズムの否定とともに完全に忘れ去られてしまいました）。戦後西欧諸国が進んで植民地を手放すに至った論理を理解するためには、アメリカにおける「モンロー主義」が何だったのかをあらためて見る必要があります。

モンロー主義とその拡張

「モンロー主義」とは通常、アメリカの孤立外交を示すものと考えられています。第五代大統領のジェームス・モンローが、ヨーロッパ諸国によるアメリカへの政治的・軍事的介入を拒否する宣言をしたことに由来します。もしアメリカに介入するならば、アメリカもヨーロッパ諸国の紛争に介入して問題を複雑にするぞ、それが嫌ならばアメリカのことは放っておいてもらいたいと宣言を出したのです。アメリカのことはアメリカでという外交方針であるわけですから、ヨーロッパ諸国に対するアメリカの「孤立外交」というい方は間違ってはいません。

しかし、ここで語られる「アメリカ」が「アメリカ合衆国」ではなく「アメリカ大陸」のことを指しているというのが重要な点です。アメリカ合衆国に手を出すなではなく、合衆国以外のアメリカの国々にも介入するなといわれたのです。「わが中南米の仲間たちが、自ら〔ヨーロッパの〕神聖同盟諸国の政治組織を採用するなどと考える人はだれもいない」とモンローは語っています。アメリカ大陸の諸国は、当然のようにアメリカ合衆国に親和的な政体を作るはずだと想定されていたのでした。

当然のことではありますが、中南米の国々の人々が常に自主的に合衆国の想定の通りに行動するわけではありません。アメリカの政治的・経済的な利益を損ねる決定を採る国々も出てきます。そうした国々に対してアメリカは積極的に介入していきました。「モンロー主義を信奉する合衆国としては、そのような〔アメリカの想定する「民主主義」を危うくする中南米の国々の〕非行ないし無能力の甚だしい事例に際して、ためらいつつではあるが、国際警察力の行使を余儀なくされるだろう」。1904年のセオドア・ルーズベルトの年次教書においてすでに、はっきりとアメリカによる「国際警察力の行使」が語られています。一例を挙げれば、パナマ運河建設を巡るコロンビア政府との対立においては、アメリカはパナマ地域の人々の「独立戦争」を支援して新しい国を作らせる方法を採りました。中南米の国々が合衆国の意志に反して「非行」を行うときには、積極的に介入し「彼らの意志」と呼ばれるもの自体を操作しました。19世紀アメリカにおける「モンロー主義」は、ヨーロッパに対するアメリカの自律を宣言するものであると同時に、アメリカ大陸の諸国に対するアメリカ合衆国の政治的・経済的支配の確立を意味するものだったのです。

ウィルソン大統領の「民族自決」の提案が「モンロー主義の拡張」といわれていたことの意味が、こうして明らかになります。[10] すなわち、植民地を解放し各国の自治に委ねることとは、旧宗主国にとって必ずしもそれらの国々に対する政治的・経済的支配を手放すことを意味していなかったということです。あからさまに「植民地」という形態を採らなくとも、「自由民主主義」の徹底と管理によって資本主義経済が必要とする要件を満たすことができるということを、アメリカ合衆国はすでに19世紀に証明していたのでした。第2次世界大戦後の国際秩序が「非民主主義的」と見なされる国々（その中にはイランなどの民主主義国家も含まれます。イランは民主主義を採っていますが、アメリカが想定するような「自由経済」は採用しませんでした）に対する「国際警察力」の行使によって支えられている現状は、私たちの知るとおりです。

戦後民主主義とは何だったのか

資本主義を採る国々の変化は、植民地の放棄に留まりませんでした。明確に対立するはずのルソーの社会主義を各国が採り入れはじめたのです。先に述べたように、それまでの憲法ではロベスピエールの恐怖政治が行われた1793年の憲法やヴァイマル憲法を例外として「近代社会」では生存権を中心とする社会権は認められてきませんでした。「すべての人間には生きる権利がある」という考え方は、資本主義経済の下では受け入れられなかったのです。生存権が認められるならば、国家は国民の生存を保証するための福祉政策を採ることが義務付けられます。しかし、そうした「正義」の考え方は資本主義経済において共有された「フェアネス」と相容れないものだったのです。

それにもかかわらず、第2次世界大戦後において日本やフランス、イタリアなどの国で次々に憲法に社会権が謳われるようになっていきます。アメリカは最終的に批准しませんでしたが、国連人権宣言の延長に示された国際人権規約においても「社会権」が謳われるようになりました。[11] 競争の条件を同じくする資本主義経済の「平等」ではなく、ルソーが提示した財の再分配を伴う「平等」が憲法に採り入れられるようになったのです。

それまで拒否されてきたルソー主義が資本主義経済の中に自発的に採り入れられた背景

について、戦後民主主義にまつわる様々な神話の影響を外して正確に見積もることは困難です。しかし、ファシズムの嵐が過ぎ去った後も「反資本主義」の動きが残り続けていたことを考えると、戦前とまったく同じようなかたちで資本主義経済を採ることはできなかったことは事実だと思います。第2次世界大戦によってファシズムの根は絶やされましたが、共産主義の勢力はなお残っていました。ソビエトが主導するコミンテルンを介して、資本主義を採る国々の中でも共産主義の勢力がなお積極的に運動を続けていました。アメリカでの「赤狩り」は有名ですが、日本やアジアでも「勝共連合」が作られ国内での共産主義勢力の拡大を食い止めるための運動が繰り広げられました。その運動が統一教会などの宗教と結びついていたことは興味深いことと思われます。しかし、共産主義を弾圧するムチを振るうだけでは、別なかたちでの革命勢力が勢いを増していく可能性は強く残されます。死なない程度に労働者を搾取することで利益を生むような資本主義経済の構造をあらため、労働者が主体的に資本主義経済にコミットできる契機が必要だったのです。

いずれにせよ、私たちがよく知っている戦後民主主義は、こうして資本主義経済の「道徳」とルソー主義的な「正義」が同居するかたちで成立することになりました。しかし何度も確認したように、両者の「近代社会」は、単に異なるだけでなく鋭く対立するものでした。「自由」や「平等」、「民主主義」といった言葉は同じでも指し示される事柄はまったたく相容《あいい》れないものだったのです。「戦後民主主義」として私たちが知っているものは、対立する2つの理念が調停不可能なかたちで同居する極めて特殊な政治形態と考える必要があります。[12]

その矛盾が明確に現れているのは、議会政治における対話不可能性でしょう。2つの「近代社会」の理念は「右／左」の対立として現れました。ルソーの「近代社会」の実現を目指す政治勢力が左派で、資本主義経済のシステムを重視する勢力が右派です。「右／左」という区別は、もともとフランス革命時の急進的なルソー派を左（側に座っていた人々）として、保守派を右とするところから出てきたもので、近代の歴史の中でその対立が持ち越されてきました。両派の勢力はときに議会の外でクーデタのようなかたちで政権を奪取することもありましたが、議会の中でも議論を繰り返してきたわけです。

しかし、理念を異にする両派が真の意味で対話ができたことは一度もないように思われます。目の前の問題を解決するために妥協案で合意することはできたとしても、両派は何を「正しい」と考えるかにおいて明確な対立を抱えています。[13] 立ち返るべき理念において対立を含む両派にとって、議論の中で自分の立場を変えていくような生産的な対話をする可能性ははじめから存在していないと考えられるのです。

実際政治は、必然的に「数」の争いに終始することになりました。対立する2つの「正しさ」のどちらが多くの支持を得られるかということだけが問題であって、政治的な議論はパフォーマンス以外の価値をもたない状態に置かれました。選挙で選ばれた議員たちが議会において熟議し、互いの前提を含めて議論して同意に至ることは、民主主義の理想です。すべての決定を多数決に委ねるのではなく、双方が納得できるように熟議を重ねることは「戦後民主主義」の中でしばしば理想的に語られてきました。しかし、そのような可能性は現実の議会政治においては最初から与えられていないといわざるをえないように思われます。戦後民主主義において実際に行われてきたのは「議論」ではなく、得票数を争う政治闘争でした。戦後民主主義と呼ばれてきたものの実態は、矛盾する2つの理念の調停不可能な同居と考えなければならないのです。

高度経済成長とその終焉

しかしそれでも、選挙の結果次第では「福祉社会」を選択できる状況になったことは単純に前進と見なすべきかもしれません。革命などの極端な手段に訴えなくても「もうひとつの近代社会」を選択できる状況になったことで、人々は自分たちの力で「よりよい」方向を目指せるようになったと考えてもいいように思います。しかし残念ながら、それはや

は
り現実の社会の構造を無視した「理想」にすぎないように思われます。順を追って見ていきましょう。

確かに、終戦後1970年代ごろまでは資本主義経済とルソー的理想の同居は非常に上手くいっているように見えました。戦後の高度経済成長の中で労働者の生活環境は飛躍的に上昇し、行政による福祉政策も非常に厚く実施されました。不必要なほどの大規模な公共工事でさえも経済を活性化させる機能を果たし、経済成長と福祉政策を同時に実現することができたのです。

しかし、その高度経済成長は長くは続きませんでした。労働者の賃金を上げることがそのまま「経済成長」につながったのは、労働者が「消費者」として高い購買力をもったからでした。それまで死なない程度に搾取されていた労働者に金銭的な余裕ができることで、それまで存在しなかった広大なマーケットができ上がりました。フォーディズムに代表される大量生産と賃金上昇は、大量生産された商品を購入できる消費者の増加として実現されるものだったのです。

賃上げを購買力につなげた幸せな時期は、消費者マーケットの飽和によって頭打ちになりました。1970年代以降はこれ以上福祉を重視しても赤字にしかならない経済状況になってきます。そうなると、過度な福祉政策が経済環境を不安定化させることが様々なかたちで指摘されるようになってきます。イギリスのサッチャー首相やアメリカのレーガン大統領によるネオリベラリズムの台頭です。それは単純に「右派の勝利」と理解されるものではありませんでした。「ネオリベラリズム」という言葉がアメリカの左派の民主党政権内で語られはじめたものである歴史的な経緯は踏まえる必要があります。福祉政策の切り詰めは、徐々に「中道」へと寄っていく左派の中で主張されたことでした。[14] ネオリベラリズムにおいては、「〔自由主義以外の〕オルタナティブは存在しない」といわれ、それまでの福祉社会のあり方が否定されました。その後、ルソー的な「近代社会」の理想にこだわる左派の勢力は急速に衰えていきました。「福祉国家」を語ることは経済的な基盤を度外視した夢想か、既得権益にすがる守旧派の振る舞いのように見なされるようになっていきます。戦後、資本主義経済として実装されている社会体制に間借りするかたちで同居したルソー的な「近代社会」は、高度経済成長が終わってあらためて締め出されるようになっていったのです。

二極化する「正義」に分断される世界

それでもなお、資本主義経済の問題点を改善するため「理想」を語り続けることには意味があるといえるでしょうか。社会的に「劣位」におかれていた黒人や女性の地位を改善するため市場原理における競争とは別な尺度で社会的に重要なポジションに立たせるアファーマティブ・アクションや、真に「平等」な社会を実現するために積極的に移民を受け入れる政策を採るなど「理想的な民主主義」を現実の政策に落とし込む努力は続けられています。ネオリベラリズムの台頭によって市場原理主義の圧力が強まっている現代こそ、しっかりと対抗策を採らなければ、すべてがなし崩しにされてしまうという危機感をもってなされる運動は否定されるべきではないと考えられます。

しかしそうした主張が、構造的な対立を見ないまま自らの「正義」を語るだけのものならば、それは現在深まっている社会の分断をより深刻化するものとして機能することになるでしょう。

2016年のアメリカ大統領選におけるトランプの勝利は、その象徴です。「民主主義の理想」を信じる人々にとってトランプの主張は「性の悪い冗談」としてしか理解されていませんでした。「メキシコとの国境に万里の長城をつくり、費用はメキシコ政府に負担させる」と主張したり「イスラム教徒の入国を全面的に禁止する」と流れに任せていったりする候補者が実際にアメリカの大統領になるとは、少なくとも主要なメディアにおいてはまったく想定されていなかったのです。

しかし、蓋を開けてみると「まったく問題にならない」と考えられていた「馬鹿げた人物」に投票する人々が意外なほど多く存在していることがわかりました。主要なメディアで表立って表明されない「不満」が社会に蓄積されていることが明らかになったのです。移民の受け入れやアファーマティブ・アクションといった「民主的」な取り組みは、それによって大きな経済的打撃を受けない「エリート層の正義」の押し付けであり「不当」に人々の利益を損ねていると見なされました。トランプは、そうした「正義」の圧力に敢然と立ち向かう「ダークヒーロー」のように考えられたのでした。

そのような不満は確かに、自分の周囲にしか目を向けていないもので「開かれた議論」に耐えられないものといわざるをえません。メキシコ人やイスラム教徒の立場に身を置いてみる想像力があれば、普遍的な妥当性を欠いたトランプの主張に共感することは憚られるに違いないでしょう。

しかし、そうした不満を「未熟」なものとして排除することは、彼らにとって同意しがたい「正義」を強要することになってしまいます。何度も確認したように資本主義経済には別なかたちの「道徳」が機能していました。限定された視野で目の前の仕事に注力し、その結果については自分の責任において引き受けることが「フェア」なことと見なされました。そうした観点からすれば「視野の狭さ」は「正しい」あり方を示していると考えられます。そこではむしろ「広い視野」と自称される立場からアファーマティブ・アクションなどによって、市場原理を枉《ま》げられることこそが「不正義」と見なされることになります。「開かれた議論」が民主主義の基礎と考えられるのは、ルソーが理想とした「近代社会」においてであり、資本主義的な「道徳」に与する立場からすれば同意した覚えのないものを押し付けられていると見なされるのです。

先鋭化する対立の中で理想化された論理を振りかざして「正義」を語ることは、私たちが実際に立っている社会の構造を無視した「暴力」となりうるのです。

資本主義システムの構造的な問題

とはいえ、結局は資本主義のシステムしかないということにはなりません。これまで見てきたことから明らかなように、このかたちの「近代社会」には構造的な問題があるといわざるをえないのでした。

確かに、その時々の人々の欲望の総合によって「よい／悪い」が決められる資本主義のシステムは、非常に柔軟性高く問題に対処できます。人々の「社会的な意識」をその内部で変容させることで、これから先も様々な問題に対処できると考える人々も多いかと思います。様々な問題があるにせよ、人々の試行錯誤の中で何らかの「イノベーション」が起こり、結果として社会はよい方向に進んでいくはずだというわけです。

各人が自分の目の前の仕事に注力していれば全体の問題は「神の見えざる手」によって自ずと解決されるはずだという考え方は、アダム・スミス以来、資本主義の根幹をなしてきた「信仰」ですが、それがいつでも上手くいく保証はどこにもありません。それで安心していられるのはひとえに「信仰」の強さによるということができるでしょう。

例えば目下、差し迫った問題になっている気候変動に対して私たちは、再生可能エネルギーや生産過程での二酸化炭素量を抑制する様々な技術の開発によって乗り越えようとしています。「気候変動対策をすることはいいことだ」という社会的意識を作り出し、人々がそれに「共感」するような方向で資本主義経済の「道徳」を導いていけば、技術開発等の競争の中で問題がおのずと解決するはずだというわけです。

しかし、斎藤幸平氏が論じているように、そうした技術革新への盲目的な信仰は、すでに限界を超えている問題への対処として遅すぎるだけでなく、排出量の多い産業をグローバルサウスへ移転する動きを生み出すなど、見た目の上での解決を志向する傾向をもっています。[15]競争的な優位を示すことだけが人々の動機となっている以上、地球全体で問題を俯瞰するよりも、それぞれの立場で課される規制に従い「結果」を出すことが常に問題となるからです。各人の限定された視野の中で「フェア」な競争を重ねたとしても、システム上見えなくなっている場所（＝グローバルサウス）に問題が転化される現象を抑制することは困難なのです。

平均気温の上昇や異常気象の増加、極度の乾燥に伴う頻繁な山火事といった明確な兆候が現れてきているにもかかわらず、私たちはＳＤＧｓやカーボンニュートラルなどといった新しい「流行語」で新技術をもて囃すだけで問題が解決されると信じています。しかし、実際に全体を観る視点をもつ人間はごく少数に限られ、かつその少数の言葉は経済的な構造の前にかき消されがちです。大半の人々は新しい規制に最適化した経済活動を行うだけで実際に起こっていることの検証には関心をもっていないのです。そうした「信仰」だけで、本当に問題が解決されるのかは、甚だ疑わしいように思われます。

またそれとは別に、資本主義に内在的な問題もあります。ここで詳しく論じることはできませんが[16]、「流行」に左右される仕組みが「金融危機」の発生を不可避とすることも指摘しておく必要があるでしょう。高度経済成長が終わって構造的な不況が問題になった１９８０年代以降、金融派生商品の開発によって実体経済とは異なるマーケットが作られました。投資した企業の成長によって利益を回収する資本は、不況の中で利益を上げられる投資先を探しづらい状況になりましたが、金融派生商品の開発によってまったく異なるかたちで資本を回す仕組みが導入されました。金融派生商品の市場は実体経済に匹敵する規模に成長していきますが、その中で「流行」によって形成されたバブルがはじけて実体経済に強い打撃を与える金融危機が、おおよそ10年に一回のペースで繰り返し起こっているのでした。

その都度の状況は異なりますが、問題になっている構造は単純です。ノーベル経済学賞などの華々しい業績をもった学者が開発した金融商品が人気を集め、世界中の金融機関が挙《こぞ》って利益に群がってバブルを膨らまします。投資先に悩む機関投資家にとって、実際に値を上げていく「流行の商品」は非常に魅力的なものに映るのでした。しかし、実態と大きくかけ離れたバブルはやがて弾け大規模な金融危機が起こるという構造です。1998年のLTCMの破綻も2008年のリーマンショックも、呆れるぐらい同じことを繰り返しました。リーマンショック以降、世界各国の中央銀行は経済システムを維持するために異常ともいいうる市場介入をし、現在に至るまで「ニューノーマル」といわれるような不安定な状態を作り出しましたが、それもいわば「赤信号、みんなで渡れば怖くない」の論理で、無理やり同じ夢を見ているようなものでしょう。[17] 時々の「流行」によって「正しさ」を作り出す資本主義経済は、1980年代の「金融改革」以降、金融危機を不可避とするものになっているのでした。

次章以降この本では、様々な問題を抱える資本主義経済とは別なかたちで回す経済の可能性を示したいと思います。公平にみて資本主義経済は様々な利点をもつシステムだと思いますが、私たちの将来をそれだけに預けるのはあまりにも危険だと思います。危険であることはある程度共有されながらも「他にやりようがない」といわれ続けてここまで存続してきました。

しかし、「やりようがない」などということはありません。確かにこれまでオルタナティブの試みは結局のところすべてルソー主義の軛《くびき》に嵌《はま》ってしまいました。新しい社会を作るための「理念」を掲げ、その理念へのコミットを軸に展開される運動には、どうしても「一般意志の共有」の問題が発生してしまうのでした。しかし、「新しい経済」への参加には理念の共有は必要ありません。人々が自分の欲望を満たせると思える限りで参加すればいいのです。私たちがこれまで経験してきた歴史を哲学的に振り返ることで、資本主義経済とは異なるかたちの「経済」を提案できればと思います。資本主義の出口はそこまで見えてきています。

第3章

贈与経済はなぜそのままでオルタナティブになりえないのか

――贈与経済論の再構築

「経済」はひとつではない

前章では、資本主義経済の問題を解決しようとする試みが失敗する原因を示しました。新しい理想の社会を作ろうと人々が理念を共有することがそれ自体「一般意志の共有」の問題を引き起こします。「同じ理念」を共有することで社会を変えようとする方法は、対立する「正義」を許容することができず、結果として否応なく排除を生み出すことが示されたのです。

では、そうやって理念を共有する以外に社会を変えていく方法はないのでしょうか。本書では「資本主義経済」とは異なるかたちでの「経済」を提案することで、資本主義のシステムの問題を解決することを提案したいと思います。第1章ですでに示したように本書では「経済」という言葉を「他人の労働の成果を獲得するためのルールを社会全体で共有し、それに則って富を公正に分配する仕組み」を指すものとして使います。「お金」を媒介にして他者の労働の成果を得るのが資本主義経済の仕組みでしたが、そうではないかたちの「経済」はほかにもありえます。理論上そうであるというだけでなく、歴史を振り返ってみれば資本主義経済よりも長い間、実際に機能していたことが知られています。マルセル・モースが未開社会を分析する中で明らかにした「贈与経済」は、資本主義経済とは異なる論理で社会的に富を分配する仕組みを作り上げていたのです。お金ではなく贈与を媒介として物やサービスが社会全体で分配される仕組みが「近代社会」が浸透する以前の社会に広範に存在していたのでした。

マルセル・モース

モース自身、贈与経済を資本主義経済の問題を乗り越える方法と考えていましたが、今日に至るまで様々な論者がその可能性を論じています。[1] しかし、贈与経済はそのままのかたちでは大きな問題を抱えているといわざるをえません。この後、詳細に検討しますが、従来の贈与経済論を根本から見直し、その問題点を明らかにしなければ、資本主義経済の問題点を解消することはおろか、「前近代」において私たちが経験した悲劇を繰り返すだけだと思われます。本章では贈与経済がもつ本質的な問題点を明らかにした上で、その解決方法を検討したいと思います。そうした検討を通じて、贈与経済と資本主義経済の両方の問題を解決するような「新しい経済」のあり方が見えてくることになるでしょう。「新しい経済」の具体的な仕様については第4章で詳しく検討することにして、本章では贈与経済を見直し新たな視座を獲得することを目指します。

贈与のインセンティブ

贈与経済とは、どのような仕組みで成り立つものだったのでしょうか。先に見たように、贈与経済とは贈与を媒介として社会全体で富の再分配が行われる仕組みでした。つまり、人々が互いに贈与し合うことで物やサービスが循環していくような経済がかつて存在していたということになります。このように聞くと「近代化」以前は人々が互いに慈しみ合いながら助け合って生きていたというルソー流の「失われた自然」の類いの話に聞こえるかもしれません。が、そういうことではありません。というのも、贈与経済は贈与することにインセンティブが発生する仕組みをもっており、その中でしばしば贈与競争と呼びうるような事態が発生することが知られているからでした。

しかしなぜ、人々は自分の物を他者にあげたり、他者のために労働するということを喜んでやるのでしょうか。各人がお金を稼ぐために利己的に振る舞うことが「道徳」となっている資本主義経済においてはすぐには理解できないことのように思われます。資本主義経済の「道徳」に照らせば他者に何かしてあげることは「偽善」であり、どこかに本当の欲望が隠されていると判断されるものだったからです。

実際のところ、こうした感性は現代の私たちにとっても実は馴染み深いものなのですが、さしあたりモースと一緒にこの謎を解いていくことにしましょう。モースは未開社会で行われている人々の行動の記録を見ながら、贈与の連鎖がどのようにして発生するのかを問いました。

贈与経済の中では、AからBに贈与が行われるとき、BはすぐにAに同等の価値のものを返してはならないと考えられます。すぐに同等の価値の物を返すことは折角行われた贈与を台無しにする失礼な行為と見なされるのです。現代の私たちの感覚としても、もらったものの市場価値を算出しすぐにきっちりと同じ金額のものを返されると「この人は自分と関係をもちたくないと思っているのではないか」といぶかしく思われたりしないでしょうか。贈与がなされるたびにお金で精算されるようなことが続けば、相手が贈与を嫌がっていると見なして贈与自体を止めることになるかと思われます。そこには贈与が「人間関係」を志向するものであることが示されているといっていいでしょう。贈与はお金による精算では切れてしまう関係の構築を目指してなされるものなのです。

しかし問題は、贈与を受けることで、なぜ人はそれを返さなければならないと思うのかということです。「もらってラッキー」では済ませることはできず、「返さないといけない」と思うのはなぜなのでしょう。モースはこの「返礼の義務」の発生の謎を問いました。贈与経済が行われている／いたマオリ族の現地の人々の説明をモースと一緒に聞いてみましょう。

あなたがある特定の物（タオンガ）をもっているとして、その物を私にくれるとしましょう。あなたは私に、あらかじめ値段を決めることなどなしに、それをくれるのです。私たちはこれに関して取引などしません。

さて、私がこの物を第三の人物にあげます。この三人目の人物がある一定の時間が過ぎたあとで返礼として何かを返すことに決め、私に何かを贈り物としてよこしました。このとき、この〔三人目の〕人が私にくれるこの物は、私があなたから受け取り、彼へあげた物の霊（ハウ）です。あなたがくれた物の返礼として私が受け取った物ですが、この物を私はあなたに返さなくてはなりません。〔中略〕なぜならこれは、あなたが私にくれた物のハウだからです。もしも私がこの2つ目の物を自分のためにとっておいたとするなら、そこから私に災厄がふりかかることになります。本当です。死ぬことさえあるかもしれないのです。以上がハウです。[2]

このマオリ族の人の話によれば、誰かにもらった物を他の人に与えて利益を得たとき、その利益を自分の懐に入れてしまうことはできないといいます。もしそんなことをすれば、物に取り憑いていた霊に殺されてしまうかもしれないというのです。

贈り物を返さなかったからといって「死ぬかもしれない」というのは、いかにも未開社会的な「迷信」と思われるかもしれません。が、少しお待ちください。私たちの思考の枠組みを前提に判断してしまうと途端に見えなくなる論理がここで語られています。「前近代」のレッテルを貼って蓋をする前にもう少し彼らの思考の枠組みに寄り添ってみましょう。ここで「ハウ」と呼ばれているのは実際、何なのでしょうか。贈与された物に付着している「ハウ」が持ち主のことを記憶していて、それが返礼を促すといわれます。そう考えるとこのマオリ族の考え方では、いま手元に物をもっている人間と所有の権利をもつ人間とが区別されていることがわかります。他者から贈与された物にはもとの所有者の権利のようなものが残っていて、そのために返礼の義務が生じると考えることができるのです。

こうして見てみると逆に、現代の私たちがもっている「所有権」の概念の特殊性が浮かび上がります。すでに見たように、資本主義経済においては人間の自然権として「私的所有権」が前提になっていました。そこでは、一度自分の手に渡ったものは自由に処分しても構わないと考えられたのです。現代の私たちが考える「所有権」とは、自分の所有物について捨てるも壊すも自由な権利と考えられていたのでした。

しかし、歴史を振り返ってみると、こうした権利の考え方の方が特殊であることがわかります。中世のキリスト教社会で規範的な法体制を確立したトマス・アクィナスは「所有権（proprietas）」と「使用権（dominium utile）」を区別していました。手元で物を保持している使用者は、それを勝手に破壊することが許されているわけではなかったのです。使用権と所有権を同一視しはじめたのは17世紀、グロティウスのころからで、ロックとほぼ同時代になって両者を同一視する考え方が出てきたのでした。

こうした資本主義経済の前提を外して考えれば、マオリ族のいう「ハウ」について私たちの理解の解像度をもう少し上げることができそうです。物が自分の手元にあるからと

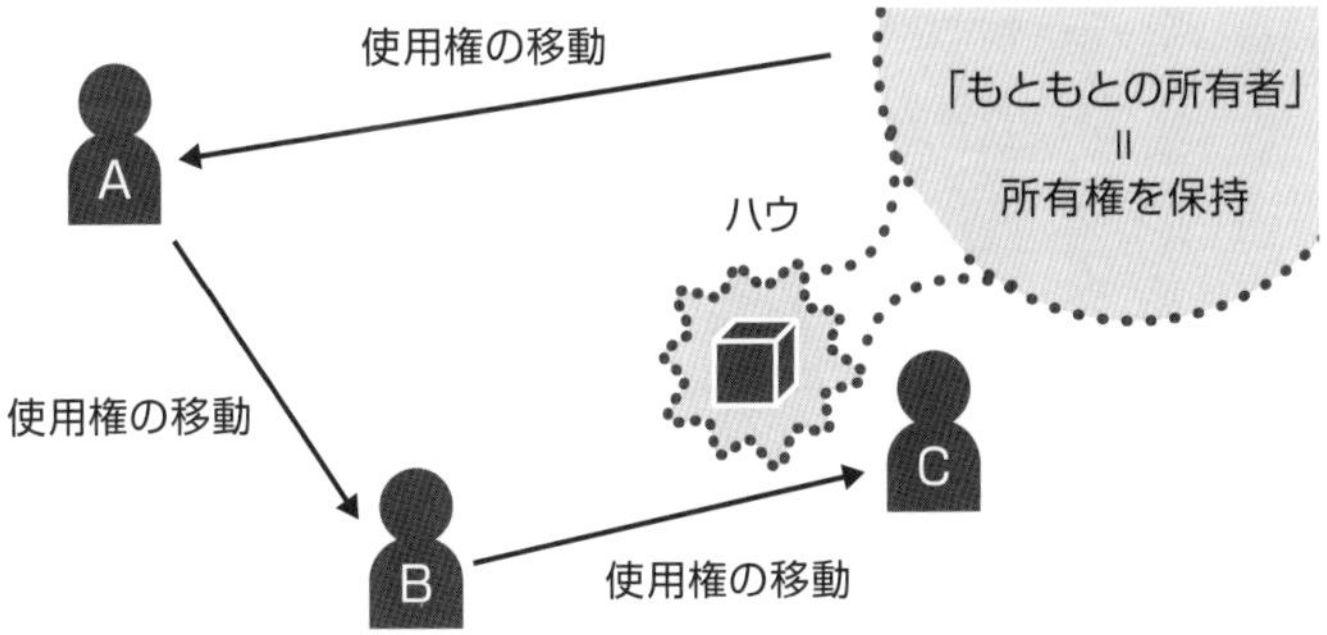

マオリ族のハウの考え方

いって必ずしも自由に処分できない状況を考えてみましょう。「近代社会」の前提を外し「所有権」の考え方を相対化してみます。そうすると「ハウ」と語られるものの内実を実感としてつかむことができないでしょうか。「ハウ」とはつまり、手元にある物の「もともとの所有者」の権利の名残のようなものと考えることができます。それは、もらった物を別な人にあげても残り続け、いずれ何らかの仕方で返さなければならないものと考えられているのです。

しかし、「もともとの所有者」とはいったい誰なのでしょうか。何かがAからBに贈られたとして、Aがその物の「もともとの所有者」であるとは限りません。贈与の連鎖の中で起源は必然的に神話化されていく傾向をもつことになります。

ハウは森やクラン（=血縁で結び付けられた共同

体」の聖所に、そしてもともとの所有者のところに還りたがっているのだ。物あるいは物のハウが一連の物の使用者に取り憑いている。取り憑くのをやめるのは、これらの使用者たちが自分自身の財産や物、所有物によって、あるいは自ら働き取引をすることによって、宴会やお祭りや贈り物をすることによって、同等かそれ以上の価値をもつ物を返すときなのだ。[3]

マオリ族の社会において「返礼の義務」が十分に果たされないうちは、他者からもらった物に取り憑いた「霊」はなくならないとモースはいいます。しかし、贈与によって生活が維持される社会の中で実際にすべてを返しきることは困難でしょう。互いが互いに依存し合う関係が続く限り、マオリ族の人々は常に他者に何らかのものを負っている状態を維持することになるわけです。贈与の連鎖は、こうして自分が何かを他者に負っているという感覚を基礎に続けられていくことになります。

負債感の積み重ねがヒエラルキーを作る：カチン族の例

従来の贈与経済論では、このように「負債感」の発生によって贈与の連鎖を説明することが一般的でした。しかしそのように考えると贈与経済によって発生する「束縛」を解消する道筋が閉ざされてしまいます。贈与が直ちに負債感を発生させ「返礼の義務」を課すとなると、人々がその関係から自由になる可能性が絶たれることになるのです。本書では贈与が負債感へと結実するひとつ手前の次元を確保することで、従来の贈与経済がもっていた問題を解決する糸口を見出したいと思いますが、その前にもう少し「贈与経済」の性質を立ち入って見ておきたいと思います。様々なバリエーションをもつ贈与経済の一側面を見るだけでは問題となっている事柄の射程が見えてこないと思われるからです。

贈与経済のもうひとつの例として、ミャンマー北部のカチン族を見てみましょう。カチン族の社会においては贈与が繰り返される中で自然にヒエラルキーが形成されることが知られています。資本主義経済や近代国家のシステムに「対抗」する手段として贈与経済に可能性を見る論者には、贈与経済をヒエラルキー化に抗するものとして位置づける人がいますが、それは若干ロマンティックな肩入れといわざるを得ないように思います。カチン族の例のみならず、贈与経済がその中で身分制度のように固定化したヒエラルキーを作っていく構造は「前近代」の封建社会において広く観察されるものと考えられるからです。しかしまずは、カチン族の社会の構造を見てみることにしましょう。[4]

従来の贈与経済論においてその構造を明らかにする鍵は、ここでも「負債感」とされています。贈与経済を考え直すためには負債感の手前を問題にしなければならないのですが、その差異を明らかにするためにもまずは従来の議論に従って見ていくことにします。

カチン族においては、2つの贈与が連鎖して経済が回ります。すなわち、自分の家系の中で生まれた女性を別の家に奥さんとして提供すること、そして、地域の人々を対象にした宴会を開くことの2つです。

女性を贈与するなんて、女性をまるで「物」のように扱っているとお怒りになる向きもあるかもしれません。しかし、おそらくその怒りには「物の所有」に関する「近代社会」の偏見も関わっているように思います。フェミニズムの（ある意味ではもっともな）批判からカチン族の人々を擁護する義理はないのですが、他の家から女性を娶ったからといって受け取った側が自由にできるわけではなく、むしろ女性の生家との関係を仲介する存在として丁重に扱う必要も出てきます。女性は取り替え可能な「一般財」としてではなく、その都度固有なものとして家の間を移動していると考えるべきでしょう。もちろん「家」の系譜を「父系」でとること自体が男女の平等を著しく阻害していることは否めず、それが現代の日本の天皇論にまで尾を引くような大きな問題にはなっているのですが。

ともあれ、ある家から別の家へ女性が「贈与」され、貰った側に「負債感」が生み出されます。「あの家はうちのａに嫁さんをくれた」ということが社会的な記憶として刻まれ

「いつか何かしなければ」という漠然とした責任を発生させるのです。

平等な立ち位置にある家の間で任意に女性のやり取りがあったとしても、そこまで社会的な格差は生じません。同じ血筋家族（＝クラン）Aから、別のクランBへと贈与がされることでBに負債感が生じることを「A＞B」と表現してみましょう。女性のやり取りが開放系でなされると仮定すれば、次のタイミングできっちりBからAに返礼がされなければならないわけではなく、Bは別のクランCに、CはDに、DはEに、Eは……と贈与がされることもあるでしょう。そうすると、A＞B＞C＞D＞E＞……となります。そしてN番目のクランからAに女性が贈与されたとすると、A＞B＞C＞D＞E＞……＞N＞Aとなるでしょう。このとき負債感の連続が厳密に社会的地位を反映すると考えると少しおかしなことになります。Aに対してBが負債感を感じることでAのBに対する社会的な立場の優位が発生したとして、Aを「頂点」とする贈与の連鎖（A＞B＞C＞D＞E＞……）が最終的にAを「最底辺」に置くことで一周しています（A＞B＞……＞N＞A）。その結果、実際にどのクランが一番社会的に優位なのかわからない状態になるわけですね。早い話が多少の贈与の多寡は「お互い様」で、各々の家の間で特に社会的な地位の差異を生み出さない状況になっていると考えることができます。

しかし、ここに別な贈与の系列、すなわち大規模な宴会が絡んでくると一気に事情が変わってきます。ある年、何かの偶然でAのところの収穫量だけ他のところよりも上回ったとしましょう。A家の人々は自分たちだけ必要以上にもっていても落ち着かないので、他の家の人々を招いて大規模な収穫祭を開き、みなにタダで飲み食いしてもらいました。たまたまの天からの恵みを自分の手元に溜め込んでも、その「所有権」の正当性を示すことは困難です。天からの贈与をみなに分け与えることは、A家の人々にとっても自然なことということができます。

しかしながら、まさにそのことでそれまでにはなかった社会的地位の変化が生まれることになります。「あの宴会はよかったね」というようなかたちで人々の感謝がなされたとして、それがその地域のA家の威信に転化していくのです。その宴会はひとえにAからの贈与によって成立するものだったからです。こうしてA家は「お互い様」の平等から頭ひとつ抜け出て、他の家に対するAの優位が成立することになるわけです。

するとどうでしょう。社会的優位にあるA家からもらう女性には、より一層の「価値」があるように認識されるようになります。「高嶺の花」というと少しミスリーディングかもしれませんが、社会的地位の高い家から贈与される女性は「やっぱりちょっと違う」と見なされるようになるわけです。こうしてカチン族の社会は、それまでの均衡を破り、ヒエラルキー化へと進んでいくことになります。

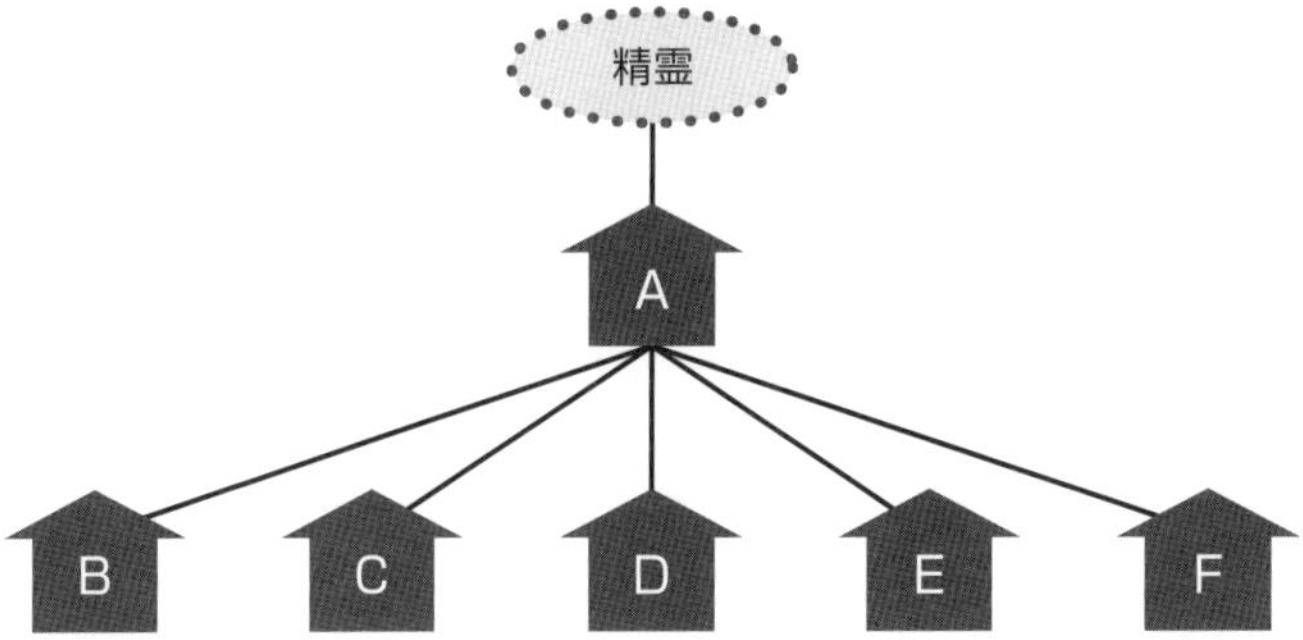

A家のヒエラルキー化

各家の間の出生率にそれほど変化がないと仮定すると、A家の女性の価値が上がるということは、より少ない女性の提供で相対的に多くの女性を獲得できるということを意味します。そうするとA家はより多くの子どもを産んで人口を増やし働き手を増加させることができるでしょう。耕作地を広げていくこともできるかもしれません。

そうやって収穫量が増えていけば、また大規模な宴会を開いてみなに振る舞うことができ、それを恒常化させることも容易になるでしょう。毎年実りの季節にA家が主催する宴会が開かれるのがその地域では当たり前のことになっていきます。そうしてA家は例年の豊穣の祭の主催者としての地位を確立していくことになるわけです。

こうしたA家の社会的地位の上昇は一度上がりはじめたら止まらない一方向性をもっていることがヒエラル

キー化を加速していきます。A家の威信は毎年の祭を開くたびに上がっていき、「あの家は別格」という人々の意識がA家を神格化するところにまで至ることになるのです。

「宗教的な次元」の発生

そうやって力を得た家はやがて「宗教的な祭祀」を取り仕切るようになります。単純にいって、その家が繰り返し「天の恵み」を得られるのは「神」に近い存在だからだと考えられるようになるわけです。

「また宗教か」と思われるかもしれませんが、ここで理屈を超越した次元が出てくることは、ある意味で社会的な必然です。マオリ族の人々の例で見たように宗教や神話といった超越的な次元は、人々の間で同じ物語を共有するために必要とされるものでした。合理的なやり方では答えを出せない問題について「正しさ」を確定するために、みなが納得するような超越的次元を立ち上げることは非常に理にかなった行為と考えることができるのです。

みなが納得するような神話が共有できれば、実際に祭祀が行われるたびに人々の意識は強化されていくことになるでしょう。A家が神に近い存在であるという神話をみなが共有することが、その地域の人々の共同性を保証するものとして機能するようになっていきます。「祭り」は「祀り」となり、A家によって共同体が維持されること自体がA家からの（ひいては天からの）大きな贈与と見なされるようになっていくわけです。

余談にはなりますが、こうした論理は、祭祀階級が共同体の上位に位置づけられる社会体の成立を説明しうるものとなっています。インドのカースト制が司祭階級を最上位におくこと、あるいは日本の天皇制が「新嘗祭」をはじめとする収穫への感謝を基礎としていることなど、似た構造を様々な「前近代」の仕組みの中に見出すことができます。ここではそうした点を掘り下げる余裕はありませんが、贈与を基礎にした社会のひとつの典型と考えることはできるかもしれません。

返せない負債、身分の固定化

さて、そうして贈与の連鎖の中でヒエラルキー化が加速していくと、末端に位置づけられる人々が抱える負債もまた加速度的に増えていくのは必然的な流れです。祭祀によって共同体の秩序を保つこと自体が贈与であるとすれば、共同体の成員はその恩に報いることこそが「正しい」ことだと考えるように自然に導かれていくことになるでしょう。祭祀を司る家に奉公することが社会的に「正しい」振る舞いと見なされるようになるわけです。「租・庸・調」として知られる古代の日本の税制がもともと民からの贈与（あるいは返礼）と考えられていたことを思い出してください。[5] 税は、権力者が武力を背景に人々から無理やり徴収するものではなく、共同体が維持される恩恵に対する共同体の成員からの返礼として位置づけられるものでした。古代日本において収穫の一部を献納すること（＝祖・調）あるいは直接的に労働を提供すること（＝庸）は、共同体が維持されることに伴う負債感を軽減するために行われるものだったわけです。贈与の流れが固定化すると与えられるのが「当たり前」に感じられ、もらうことが「権利」であるかのように（あるいは納税することが義務であるかのように）見なされるようになっていくわけですが、税の本質が納税者からの贈与だったというのは、今日でも一考に値する視点だと思われます。

ともあれ、贈与の連鎖の中で自然発生的に行われる税の徴収は、カチン族の例において、繰り返されるたびに重くなる傾向をもつことになります。カチン族の贈与の連鎖の中では首長となる家の社会的地位の上昇は一方向的で、神の領域へとつながる無限遠方を目指すものであるため、それによって発生する「負債」もまた返済不可能なものになっていきます。ひとりの人間が一生をかけても返済しきれない負債は子どもへと引き継がれ、やがて生まれながらにして隷属を余儀なくされる人々が生まれてくることになるでしょう。十分な「返礼」をできない人々が蓄積された負債を返し切るまで首長の家に隷属するということが「正しい」こととして社会的に位置づけられることになるのです。

こうして贈与によって生み出される「返礼の義務」が階級化された身分制の社会を生み出すことになりました。共有された神話の中で特定の人々が自らその論理を内面化して隷属的な地位に立つことになるのです。そうした隷属関係は、贈与経済の中の「正しさ」の積み重ねの結果として生まれてくるものであるため、各人はその地位を甘んじて引き受ける以外の選択肢をもちません。こうして、贈与経済は、どこにも暴力や偏見を介在させないまま、自然発生的にヒエラルキー化した社会を形成することになるのです。

「贈与経済からの解放」としての資本主義経済

このように考えれば、贈与経済が少なくともそのままのかたちでは資本主義経済のオルタナティブとして機能しえないことは明白です。贈与経済は単に人々を関係に束縛するだけでなく、身分制をはじめとする「前近代」の構造を下支えしうるものだったのでした。もちろん、「前近代」の社会システムと贈与経済の関係については、もう少し厳密な議論が必要でしょう。しかしさしあたり、本書の範囲で贈与経済がもつ危険性を共有するには十分だと考えられます。贈与による「負債感」の発生を構成要素として積み上げられる贈与経済は、ごくごく自然なやり取りの中で隷属を発生させうるものになっているのです。

だとすると、資本主義経済の導入は、まさに人々を贈与経済の束縛から解放する役割をもったということができることになります。贈与経済が資本主義経済の問題点を乗り越えるようなオルタナティブなのではなく、資本主義経済が贈与経済のもっている問題点を解決するものだったと考えることができるのです。お金を媒介にした富の社会的な再分配は、固定化された人間関係の中で生きることを余儀なくされていた「前近代」の人々に「個人の自由」を与えるものでした。お金を媒介にした取引において関係を切り、お金さえ稼げば生きていける社会になったことで、人々は贈与の連鎖の中で生み出された負債感の重みから解放されました。お金を媒介にした経済が人間関係を構築する自由を奪っているという話を前章でしたわけですが、それがまさに「負債感」につながれた人々の関係を断ち切るというポジティブな効果をもっていたのです。贈与経済は、そのままのかたちでは資本主義経済のオルタナティブになりえないどころか、「前近代」的な封建社会へ立ち戻る危険をもつものだと考えられるのです。

負債感の手前にある「わからなさ」

こうして私たちは再び資本主義経済に戻ってくることになりました。結局、資本主義経済は「最善」には程遠いものの「よりまし」なものであると認めざるを得ないのではないかというわけです。資本主義が全面化する中で「オルタナティブ」の候補として挙げられる贈与経済が「前近代」の仕組みにほかならないのであれば、残されているのはやはり資本主義しかないということになるようにも思われます。

しかし、待ってください。ここでようやく、この本で贈与が負債感へと結実する「手前」を確保する意義が明らかになります。贈与経済が自然発生的に隷属を生み出す仕組みとなったのは、贈与が直ちに負債感を与えると考えられたからでした。贈与が負債感によって人を縛り「返礼の義務」を発生させることで贈与経済が回ると考えられたのです。

しかし、贈与には社会的な義務で人を縛る「手前」の段階があります。他者から何かを（して）もらったとき、最初に発生するのは「それが何を意味するのかわからない」という事態であると思われるのです。その「意味」が明らかになり、もらったことで自分が何をしなければならないかが明らかになるのは、その次の段階です。負債感を伴った「返礼の義務」は、贈与の「意味」が共同体の中で共有されることで発生します。しかしその手前には「意味」が明らかではない贈与があると考えられるのです。

共同体の中で意味が共有される手前にある地点、これを本書では「ゼロ地点」と呼ぶことにしますが、贈与のゼロ地点を確保することによって、私たち自身が自分のコミットできる人間関係を自由に構築する可能性が見出されることになります。

マオリ族の例では「ハウ」が最終的に帰っていく場所は「森」や「クランの聖所」といわれていました。あらゆる物の「もともとの所有者」は、血族共同体の祖先であり、土地であるという考え方には、起源の物語が神話として共有されている状況がみられました。人々は相互に他者に何かを負いながら生きていくわけですが、それらの相互的な関係は共有された神話の中で同じ起源をもつものと考えられたのです。そうした物語は人々の社会的な関係を維持するための大きな役割を果たしますが、まさにそのことによってその物語の中に人々を束縛することにもなります。

カチン族の例も同様です。大規模な宴会が最初から人々に負債感を与えるために企図されたものであったならば、まだ「お互い様」の平等の状態にあった人々も少しは警戒するところがあったかもしれません。最初からA家を中心とする共同体の物語を共有しようとする意志が人々に明示的にあったならば別ですが、そうでなければ偶然に与えられた天からの恵みを惜しみなく共有するA家の振る舞いを称賛しつつ、そのことをどう落ち着かせ

贈与のゼロ地点を確保して社会的意味を見出す

たらよいのかわからないというのが最初に起こることだと考えられるのです。宴会において自分に権利がないものを無償で与えられたという出来事をどのように社会的に位置づけるべきかわからないというのが、その「モヤモヤ」の内実です。単に「奢ってもらってラッキー」といって済ますことができないのは、資本主義経済における「所有権」の神話を彼らが共有していないからです。

資本主義経済においては「私的所有権」の物語が共有されているため、一度自分の手に渡ったものの所有権を後から請求されることがないと安心していられます。憲法で守られている権利ですし、訴えられても勝てると知っているから、そうしたルールをみなが内面化した上で「近代社会」が成立しているから、「奢ってもらってラッキー」といって済ませることもできるのです。

そうした所有権の神話が共有されていない状態では、後になってどのような権利が社会的に主張されることになるのかは「わからない」という状態が先に立つことになるでしょう。贈与はなされましたが、その社会的な「意味」はまだ明らかではないという状態が「モヤモヤ」として残ります。

A家の社会的な位置を相対的に引き上げることは、その「わからなさ」を解消するために社会的に合意された結論というべきものと考えることができます。いつ何時権利を主張されるかわからない「モヤモヤ」を抱え続けることは不安であるため、その不安を解消するために人々は共通の物語の中にコミットすることになるのです。

結果として人々がA家に負債感をもつという事態は同じでも、そこに人々の主体的なコミットがありえたというのが重要です。同じ物語の中で贈与が反復される中で最初の企図から離れて束縛的な関係が生み出されることはありえるとしても（それゆえに「贈与経済2・0」を考える上では「退出の自由」をどのように確保するのかが問題になります）、最初に物語を構築する中で人々の主体的なコミットメントがありうるということが非常に重要な契機になります。贈与を負債感に直結させず、その手前を確保しなければならないのはそのためです。贈与によって生み出される「わからなさ」は、そこを起点に「新しい物語」を生み出す力となりますが、すでにでき上がっている物語を前提にしてしまうと、人々が主体的に共同体を作ろうとする契機を捨象することとなってしまいます。人類学ではどうしてもすでに存在している社会の構造を前提に議論が進められがちですが、贈与経済の現代的な可能性を問い直そうとするならば、同じ構造の反復を問題にするのではなく、新しい構造が立ち上がる場面を問題にする必要があると考えられるのです。

「シニフィアン」としての贈与

内容としては同じことの繰り返しになるので「まどろっこしい」と思われる方はこの項を飛ばしていただければと思いますが、このことを哲学の議論の文脈に接続しておきましょう。例えば筆者が専門にしているラカンは、贈与はまず「シニフィアン」として与えられるといっています。[6]

「シニフィアン」というのは構造主義的言語学の概念で、何かを指し示そうとするもののことを指します。シニフィアンは何かを指し示そうとしますが、それによって指し示されているもの（＝シニフィエ）はそれだけでは明らかではありません。私たちが知っているシニフィアンの典型は「言葉」ですが、言葉もまたそれ自体では単なる書かれた文字や発声された音にすぎず、それらが何か特定のものを指し示すことができるのは、人々が同じ構造を共有することによっています。

ラカンは構造主義的な人類学の議論を参照しながら、贈与はそれによって指し示されるもの（＝シニフィエ）をもたない「シニフィアン」だといいました。贈与は、それが何を意味しているかがわからないけれども「何か」を指し示していることだけは明らかなものとして現れるといわれたのです。指し示されない「何か」は「モヤモヤ」とした不定形の意味の塊として浮遊します。「シニフィエ＝指し示されたもの」として分節化される手間の「モヤモヤ」が意味のわからないままに立ち上がることになるのです。

その「モヤモヤ」を「意味」に回収するには、人々は同じ構造を共有する必要があります。マオリ族の人々が「もともとの所有者」を森や先祖に割り当てたように、あるいはカチン族が宴会の「意味」をA家の社会的優位として引き受けたように、人々の間で同じ物語が共有されることで、単なる「シニフィアン」だった贈与に「意味」が与えられるのです。そうすることで「モヤモヤ」は解消され、その共同体の中で人々がどのようなルールに基づいて贈与の連鎖がなされるべきかが共有されることになるのでした。[78]

共同体を作る自由

こうして負債感に還元される手前に発生する「モヤモヤ」に焦点をあてることで、人々を関係に束縛しない「贈与経済2・0」の可能性が見出されることになります。贈与によって発生する「モヤモヤ」を解消する過程で、人々は社会関係を取り結ぶことになるでしょう。それは同意された物語の中で人々の間に特定の「権利／義務関係」を発生させることにもなります。贈与の「意味」が明らかになることで、人々はそこで生み出された関係に規定されることになるわけです。

しかし、そうした関係の構築が、すでに存在している大きな物語の中に自分を置くのではなく、自らの同意をもとに新しく構築されるものであることが非常に重要です。贈与の連鎖の中で同意した覚えのない物語に生まれながらにして強制的に加入させられるのではなく、自らのコミットメントによって主体的に引き受けられることで、私たちは「共同体を作る自由」を手にすることができるのです。

資本主義はたしかに人々を関係の束縛から解放しました。お金を払えば生活できる環境が整えられ、お金を稼ぎさえすれば他者の労働の成果物を手に入れられる仕組みが獲得されました。お金を稼ぐためには実際、資本主義経済の「道徳」に従順でなければならないわけですが、それによって私たちはまがりなりにも「個人の自由」を獲得したわけです。

しかし、それは同時に私たちが他者と関係を取り結ぶ自由を手放したということを意味します。私たちは「お金」を媒介にした取引をすることによって、関係をその都度チャラにすることを強いられているということもできるのです。「個人の自由」を獲得することで、私たちは「個人」の枠組みを超えて他者と関わることができない状態に置かれることになったということができるのです。

本書では、そうした資本主義経済の不自由を乗り越え、従来の贈与経済の桎梏《しっこく》に囚《とら》われることのない「贈与経済2・0」を提案できればと思います。それは具体的にいって、どのようなものでありうるのか、次章で詳しく検討することにしましょう。

第4章

これからの社会はどうあるべきか

――他者との自由な関係に基づく「贈与経済2・0」

「贈与経済2・0」を実装するために必要なこと

では、現代の私たちの社会において「贈与経済2・0」を導入するには、具体的にどういったことが必要になるのでしょうか。理論の上で「意味」の手前が確保されただけでは、実践において従来の贈与経済の枠組みに嵌《はま》る可能性を消すことはできないでしょう。「贈与経済2・0」を実現するための条件を見るために、現代の私たちの社会でもありうる具体的な例で考えてみることにしましょう。

Bさんが Aさんから何かを無償でもらったとします。何でもいいと思うのですが、ここでは「食事」にしておきましょう。そのころBさんは苦学生で学費を払うのに手一杯だったとします。それを見たAさんが「うちの店で食べなよ」と提案してくれたという例を考えてみます。Bさんは「何でそんなことをしてくれるのだろう」と若干戸惑いながらも、実際に困ってはいたのでありがたく申し出を受けることにしました。Aさんの方でも単にBさんが困っていたから助けようと思っただけで、それでどうこうということまでは考えていませんでした。つまり、この段階ではまだその贈与の社会的な意味は確定していないということになります。AさんがBさんに何か返礼を要求しているわけでもなく、Bさんの方でもそのことに感謝しつつ、Aさんとの関係の上で具体的に何をしなければならないとまでは意識していません。出来事Xとして贈与は発生しましたが、「モヤモヤ」を発生させながらも、それがどんな社会的な意味をもつかについては、贈与者と受贈者の間でもまだ確定していない状態にあることになります。

しかし、卒業までの間、頻繁に食事をご馳走になり、贈与が繰り返される中で、AさんとBさんの間の社会的な関係が問われるようになっていきます。「モヤモヤ」は膨れ上がり、その「意味」が求められるようになってきました。当初は「意味」など関係なく行われていた贈与だったとしても、「モヤモヤ」が大きくなってくれば、何らかのかたちで社会的な落とし所を見出さなければ落ち着かない状態になったというわけです。Aさんの店でふつうにお金を払って食べている常連さんたちの視線もあるでしょう。Bさんは無事大学を卒業し働きはじめるにあたって、大学時代の生活を支えてくれたAさんを、例えば「東京の父」と位置づけることにしました。二人の社会的な立ち位置を「親子」に擬《なぞら》えた関係によって規定することが唯一の解とは限りませんし、もっと自由な関係を規定することも可能だと思いますが、現状読者のみなさんとも共有できる（と勝手に筆者が想像する）ところでこうしておきます。そうした関係の規定は、ほかの常連さんも納得できるものでした。そのことを知っている店の常連さんとの間で緩やかにコミュニティらしきものができていたとすれば、AさんとBさんが見出した「意味」は、共同体の中で共有しうる物語となったわけです。

こうした物語がそのまま当事者たちの人生を豊かに彩っていけば問題はないでしょうが、Bさんの仕事が忙しくなってきて問題が発生しはじめたとしてみましょう。Bさんとしては本当に仕事が忙しくて店に顔を出せないのですが、Aさんはそれを「忘恩」と捉えはじめます。贈与に対して当然なされるべき義務が果たされていないと考えられるようになったのです。そこには単純にBさんが来なくて寂しいという思いがあったかもしれませんし、自分がなしたことが忘れ去られつつあるのではないかという焦りのようなものがあったのかもしれません。いずれにせよ、Aさんは「いまのBがあるのは俺のおかげなのに」と、周囲の人々もウンザリするほど繰り返しながら、Bさんが負っているはずの社会的義務が果たされないことを非難するようになっていったのでした。

Bさんの方でも最初は大人しく「いや実際にAさんのいうとおり、Aさんのおかげでいまの自分がいるのに、申し訳ない」と思っていましたが、Aさんの非難があまりに強く度が過ぎるようになってくると、さすがにあのときの贈与が、そこまでいわれるものかどうかわからなくなってきました。確かに自分はあのときがあっていまの自分がいるわけだが、それ以外の方法がなかったわけではない。たまたま受けた贈与がこんな従属関係を強いられるものだとわかっていれば好意を受け入れなければよかった。Bさんはそうして「恩返し」と称して幾ばくかのお金を用意し、それでもってAさんとの関係を解消しようとしますが、Aさんがほしいのはお金ではありません。Aさんがショックを受けつつお金を受け取り、それまでの関係全体が「清算」されることもあるかもしれませんが、「恩知らず」と罵られてさらに関係がこじれる可能性もあるでしょう。人間関係に関わる贈与の「めんどくさい」ところがこうして顕著に現れてくることになりました。

しかしもし、このとき社会的関係として意味づけられる手前の出来事Xにまで立ち返り、そこを起点にあらためて関係を構築し直すことができたら、どうでしょうか。お金によって関係を清算し、そもそも贈与自体がなかったかのように流してしまうのでもなく、束縛として機能するようになった社会関係を甘んじて引き受け続けるのでもなく、贈与を受け取って「ありがとう」と返したその点にもう一度立ち戻って、そこから別なかたちの関係をあらためて構築し直すことができれば、贈与経済のもつポテンシャルを活かしながら束縛的な関係をリセットする契機を作ることができるようにも思われます。

　これまでの贈与経済のやり方でいえば、そうしたことはほぼ不可能です。というのも、周囲の人々も巻き込んだ二人の関係の「社会的意味」はすでに確定していて、「意味」に還元される手前の出来事Xは、もはや存在しなくなっているからです。贈与によって発生していた「モヤモヤ」は「社会的な意味」を獲得して一度「すっきり」しています。そうすると、通常のやり方では一度「わかった」ものから遡って「モヤモヤ」のゼロ地点に立ち返るということはできません。人間の記憶は「意味」をベースに構築されるので、Aさんの頭の中では出来事XはBさんに負債感を与えてAさんに社会的優位をもたらすものとしてすでに意味づけされてしまっているのでした。出来事としての「純粋贈与」は失われてしまったわけです。[1] 人々の共通の記憶の中で意味づけられた出来事の「意味」をあらためて見直すということは、通常の方法では、なかなかに困難といわざるをえません。

しかしここで、贈与経済の設計を少し変えてみましょう。時間を巻き戻し、出来事Xが起きたところまで戻ってみます。AさんはBさんの苦労を見かねて、うちで食べなよと声をかけてくれました。困っていたBさんはAさんの申し出をありがたく受け取り、お世話になることにしました。この時点まで立ち返ります。

贈与の記録としてのブロックチェーン

さて、「贈与経済2・0」においてはBさんがやるべきことがもうひとつあります。それは、出来事Xの記録を改ざん不可能なデータとしてブロックチェーン上に刻み込むことです。「意味」がまだ確定していない贈与の記録を誰も変更のできない客観的な媒体に記録することで贈与経済がもっていた問題を解決しようというわけです。[2]

「なぜいきなりブロックチェーンなのか」と思われる方も多いと思いますが、グローバルな贈与経済のインフラを特定の管理者の手に委ねないために不可欠な方法になっています。この点は後で詳述しましょう。

また、ブロックチェーンについては一般的な知識とはいい難い（というよりも、社会的にはだいぶ誤解を受けている）ものと考えられますので、少し解説が必要でしょう。ブロックチェーンとは、ブロック単位でデータを追加していく「分散型台帳」です。追加されるデータは

「ブロック」と呼ばれる単位で構成されていて、これは追加しかできません。後から前に記録されたデータを書き換えることはできず、ブロックをつなぎ合わせてチェーンとして記録していくというのがブロックチェーンの大きな特徴となっています。

もうひとつの特徴は「分散型」であるということです。通常、インターネット上のデータは「サーバー」の中に書き込まれます。Webサイトや SNS、オンラインで利用できるサービスなど、様々なデータがインターネット上にありますが、それらはすべて基本的には誰かが立てたサーバーの中に書き込まれるのでした。Facebook や Instagram への投稿もMetaが管理しているサーバーにデータをアップするかたちでやり取りされているわけです。しかし、特定の企業がサーバーを管理しているとなると、そこにあげられているデータの真正性は確保できません。「企業は不正するはずがない。なぜならばそうすることによって消費者が離れていくことを十分に知っているからだ」と資本主義経済の「道徳」を信用しきることができればよいかもしれませんが、実際には「バックドア（裏口）」を通じてデータを収集・改ざんすることが可能な仕様になっています。現状のシステムでは、少なくとも何かを信用するという前提をおかないとデータの真正性を確保することができないものになっているのでした。

分散型台帳は、誰でも参加できる複数のノードで同じ情報を共有してデータを共有することで改ざんや不正利用ができないようにするための技術として開発されました。新しいデータブロックが追加されるとき、どのブロックを追加するのが正しいのかを複数のノードで検証しながらすべてのノードでまったく同じチェーンを共有する方法を採ります。そうして、不正をしたくてもできない仕様にすることで「何かを信用する」というリスクをもたずにデータの真正性を確保できることができるようになったのです。

　情報を他者と共有する媒体として私たちは歴史上、様々な技術を開発してきました。「紙に書いておく」からはじまって、人類の記憶を共有する媒体を進化させてきました。ブロックチェーン技術はその中で、記録することの恣意性を排除しうる唯一の方法と考えられます。人文学においても、ある文章を本当にその著者が書いたものと考えていいのかというテクストの真贋を問題にする文脈があります。Facebook上で「盛られた」出来事の記録をそのまま信用できない場合もあるでしょう。インターネット上では「フェイク」を作り出す技術も非常に発達してきています。ブロックチェーンは、そうした中で「フェイク」をしたくてもできない技術として、そもそも疑う必要も信頼する必要もない「新しいメディア」を提供するものになっています。[3] 筆者としては「紙」の発明以来の大きなメディアの変化が起こりうる技術と考えているところですが、ブロックチェーンの可能性についての話はこのぐらいにしておきましょう。ともあれ、社会的に意味づけられる前の贈与のゼロ地点を記録するための媒体として、ブロックチェーンは重要な役割を果たすことができると考えます。ブロックチェーンを介して私たちは世界全体で改ざん不可能なデータを共有することができるのです。

「ありがとう」の記録をブロックチェーン上に刻む

さて、話を戻しましょう。「贈与経済2・0」を実現するために、BさんはAさんから贈与を受けたときの「ありがとう」の記録として、彼の感謝をブロックチェーン上に刻む必要があるという話でした。それがどのようなかたちで二人の関係を社会的に規定することになるのかはわかりません。しかし、その状態で贈与があったという出来事の記録をブロックチェーン上に刻むのです。

そのためにBさんはAさんに対して一定量の「トークン」を送ります。「トークン」とは、ブロックチェーン上に登録されたプログラムに即して発行される「ポイント」のようなものと考えていただければと思います。が、ここで用いられるトークンは日本円などの法定通貨に換算できるものではありません。[4]「贈与経済2・0」を社会実装する際の具体的な仕様について詳しくは後述しますが、まずはここでは単純に、トークンを送るとその履

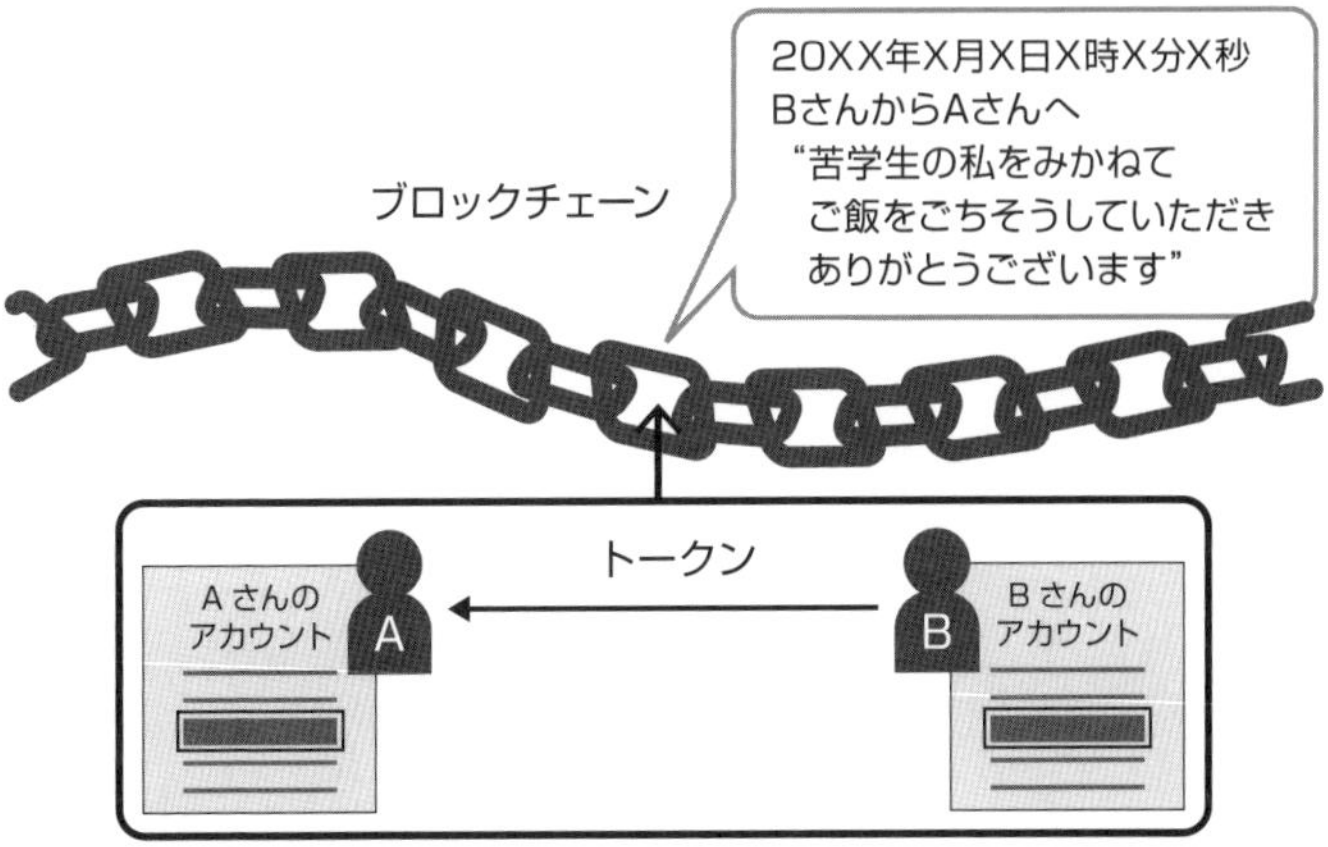
20XX年X月X日X時X分X秒
BさんからAさんへ
“苦学生の私をみかねて
ご飯をごちそうしていただき
ありがとうございます”
ブロックチェーン
トークン
Aさんの
アカウント
A
Bさんの
アカウント
B

贈与の出来事をブロックチェーン上に刻む

歴がブロックチェーン上に記録されるため、それを利用して贈与がなされたことをブロックチェーン上に記録すると考えていただければと思います。

そうすることで、トークンを送られたAさんと送ったBさんの両方のアカウントに、贈与の履歴がタイムスタンプ付きで記録されることになります。それは後から改ざんすることができないデータとしてブロックチェーン上に刻まれることになるのです。

口頭で「ありがとう」というだけでなく、いちいちアプリの操作が必要というのは如何にも面倒に感じられるかもしれませんが、手間としては記念写真をSNS上にアップするのとほとんど変わりません。しかし、こうしたひと手間をかけることで私たちは贈与経済の束縛的な側面から解放されることになります。実際どう効いてくることになるのか、先程の例で確認してみたいと思います。

「意味」を求める圧力が減退する

まず、出来事としての贈与が社会的な関係として意味づけられる前に記録されるというのが大きな違いです。当たり前ではありますが、トークンを送ったからといって贈与が「清算」されるわけではありません。贈与に対してお金を返せば負債感を抱かずにすむでしょうが、トークンはブロックチェーンに記録するための媒体のようなものでそれ自身価値をもつものではありません。そのため、贈与が行われることによって「これがどんな意味をもつのか」という「モヤモヤ」が従来の贈与経済と同様に位置づけることには変わりないといえます。

しかし、出来事としての贈与の記録がなされることで「モヤモヤ」を「モヤモヤ」のまま維持し続ける契機が生まれます。先の例でいえば、Aさんにお世話になったBさんが大学を卒業するにあたり、AさんとBさんは周囲も納得するような関係を決することを求められました。Bさんの卒業によってこれまで続けられてきた贈与がなくなるわけですから、そのままでは贈与自体がなかったかのように流れてしまうかもしれません。そのタイミングで贈与の社会的意味を確立できなければ、贈与によって発生していたはずの「モヤモヤ」は「モヤモヤ」のまま霧散する可能性に強く晒されることになるでしょう。そうなる前に贈与の連鎖の中で膨れ上がった「モヤモヤ」を社会的関係として生み出す必要があったのです。

出来事としての贈与の記録が残されていたとしても「モヤモヤ」を関係に結実させようとする契機自体は保持されます。しかし、それが強制される契機は減らすことができます。贈与の記録は社会関係を生み出す力として機能しますが、当事者が自らの自由においてその関係の引き受けをコントロールできるようになるのです。

先程の例ではBさんは、卒業にあたってAさんを「東京の親」と位置づけていました。本当の親に対してとは異なるでしょうが、親子関係に擬《なぞら》えることで少しく儒教道徳における「孝」を参照しつつ、たまには顔を見せて孝行する義務のようなものを引き受けたといえるでしょう。「親子」という関係に何を読み取るかは人によって幅はあるでしょうが、ある程度共有されている社会通念に準拠することで、BさんはAさんとの関係を意味づけたのでした。そうしなければ、卒業後に贈与があったこと自体が無化されてしまうかもしれなかったため、BさんはAさんから受けた贈与を「親子関係」に擬えられた「負債」として引き受けたのです。

しかし、出来事としての贈与をブロックチェーン上に記録することで、Bさんは既存の物語のメタファーによって性急に社会関係を引き受けなければならない圧力から解放されます。すでに受け取った贈与をどのように引き受けるべきかという「モヤモヤ」は残り続けますが、必ずしもそれをBさんひとりがAさんに負うものとして引き受けなくてもいいかもしれません。例えば、Bさんが会社の同僚や友人たちにAさんについて話し、そのコミュニティがいかに素晴らしいものかを語りつつ、Aさんの店を流行らせようとする方法もあるでしょう。それが受け取った贈与に見合うものかはわからず「モヤモヤ」は残り続けるかもしれませんが、逆にそれがAさんのために何かできることを探し続ける契機となりえます。「親子関係」としてBさんひとりが引き受けるよりも贈与経済の幅は広がり、新しいつながりを生む可能性が発生しています。「親子関係」として引き受けることで「すっきり」するかもしれませんが、「モヤモヤ」が残っていた方が、新しい関係が生み出される力は存続します。ブロックチェーン上に記録されることで、その贈与が失われる恐れはもはやないのです。

「同じ物語」に縛り付けられない自由

関連してもうひとつ重要な点は、ひとつの贈与から引き出される物語はひとつに限定される必要がないということです。

Aさんの贈与の記録は、Bさんとの関係を超えて別の「意味」をもつことになるかもしれません。「親子関係」で引き受けることで「モヤモヤ」を「すっきり」させてしまえば、贈与を意味づける物語はひとつに留まります。その贈与の「意味」は、BさんがAさんを「親」のように慕い続ける関係として決定づけられることになるのでした。

しかし、出来事としての贈与をそのままのかたちで記録し、「モヤモヤ」をすぐに解消しないで留めるならば、贈与の「意味」は常に様々なものに開かれ続けることになるでしょう。「モヤモヤ」を減らそうとするBさんの行動が、小さいながらも長い時間的なスパンで繰り返されるような場合、Aさんの贈与が思いがけず「新しい意味」を獲得する機会を得ることもあるでしょう。Bさんの話を聞いた誰かがAさんにとって大きな助けとなるようなことをしてくれるかもしれませんし、AさんのアカウントのTo履歴を見た人がAさんの店に通いはじめて新しい出会いを作るかもしれません。ひとつの贈与の「意味」は、ひとつの物語の中で確定される必要はもはやありません。出来事としての贈与は、複数の物語を生み出す力として機能し続けることができるのです。贈与はそこで、人々の関係を束縛するものではなく、関係を生み出す力として機能することになります。出来事としての贈与がそのままに記録されることで、贈与が同じひとつの物語に縛られる必要はないのです。

ゼロ地点への立ち戻り

最後にブロックチェーン上に贈与を記録することで、一度確立した「意味」を解体し、もう一度贈与がなされた地点に立ち戻って意味づけをし直すことができます。

一番はじめに確認したように、これまでの贈与経済においては、一度確定した意味を解体して関係を構築し直すということは非常に困難でした。BさんがAさんとの関係を「親子」のメタファーで引き受け、その「負債感」を抱えて生きる選択をしたならば、後からそれを覆すことは贈与自体を無化するような「忘恩」と見なされたのです。

しかし、出来事としての贈与をそのまま記録することによって、仮にBさんがそうした関係を引き受けた後でも、あらためて出来事そのものに立ち返ることが可能になります。意味づけられる手前の贈与が改ざん不可能なかたちで刻まれていることで、物語として意味づけられることと現実の贈与との差異を確保することができます。出来事として存在したことが確かであるのは贈与それ自体であり、それをどのように意味づけるかは両者の関係の作り方によります。人々の関係を形作る「物語」を設定する自由は当事者の手にあり、周囲の人々が納得するような意味づけはいかようにもすることができます。出来事としての贈与をブロックチェーンに記録する手間をとることで、従来の贈与経済が抱えていた問題を解決することができるのです。

ハートランド・プロジェクト

さて、ここまで「贈与経済2・0」の理論的な可能性を示してきました。出来事としての贈与を記録することで贈与経済がもつ束縛から自由な仕組みを作る可能性が示されたと思います。

こうして理論上の可能性を示すだけで話を終えられればいいのですが、そういうわけにもいかないでしょう。理論的な枠組みを提示するだけで誰かが実際にやってくれればありがたいのですが、「贈与経済2・0」を実装する作業はそれ自体、現状の資本主義経済の価値基準で評価されうるものではありません。有り体にいえば「お金」になるような話ではないので、理論上のことだけを示して主体的に動いてくれる方が出てくるのを待つというのも無策であるように思われます。資本主義経済の構造上の問題が待ったなしの状況を生み出す可能性が見えているところで「理論家の役割はここまで」と筆をおくのも、いかにも資本主義経済的な「分業」を前提にした振る舞いになるでしょう。資本主義経済が社会全体のことを考える視点を人々から奪うことで成立するものだとすれば、「新しい社会」の可能性を示して話を終えてしまえば結局のところは社会的分業を内面化しているだけで、実際に資本主義経済の外側で社会を変えていく力にはなりえないようにも思われます。

またそもそも、贈与経済の問題を解決する方法を示すだけでは、資本主義経済に生きる現代の私たちにとって具体的にどのような意義があるのか、もうひとつイメージがつかめないかもしれません。「新しい経済」の理論的な可能性が与えられても、それはまだ実在しないものなので、簡単に「じゃあ、やってみよう」ということにはならないでしょう。ひとことでいえば、私たちの生活が資本主義経済の中で営まれている状況においては、実際に動き出さない限り人々が「新しい経済」に「経済性」を見ることはできないと考えられるのです。

そういったわけで、本書で提案された「贈与経済2・0」を社会実装するプロジェクトがすでにはじまっています。話を聞いて集まってくださった方々の「贈与」によって準備が進められ、トヨタ財団からの助成も得て2024年4月から実証実験をはじめることになりました。「新しい経済」が実際に社会実装されうるものかどうかという「リアリティ」については次章で検討することにして、ここではその具体的な設計を見ていきたいと思います。

プロジェクトは「ハートランド」と名付けられ、ブロックチェーン上に記録するためのトークンには「ハート（HRT）」という名前が付けられました。以下、社会実装を試みる「贈与経済2・0」の具体的な仕様を確認していきたいと思います。

「贈与経済2・0」のインセンティブ

資本主義経済に生きる現代の私たちにとって、あらためて他者に贈与をしたくなるということなど、ありうるのでしょうか。贈与経済の負の側面を取り払いましたといっても、それではまた贈与をはじめましょうと自然に人々が促されるわけではないでしょう。

単なる「善意」の連鎖ということであれば、新しい経済のプラットフォームができたとしても、使用される場面はごくごく限られるようにも思われます。とりわけ、資本主義経済とは、人々がみな「お金」を稼ぐことに忙しい状況をシステムとして作り出すものでした。現実としてその中で生きなければならない私たちが、わざわざ他人に何かをして感謝を得るというのは、何とも悠長なことだと考えざるをえないように思われます。本人はそれで気持ちいいかもしれないが、それは「生活」の足しにはならない贅沢品のようなもので、余裕がある人間にだけ許される趣味みたいなものなのではないかというわけです。

しかし、本書が提案するのは「贈与経済2・0」の中で人々が生きていくことです。いま現に資本主義経済の中に生きる私たちにとって、贈与に経済性が感じられないのは「当たり前」です。それはどうしても「経済外」のことと見なされざるをえないでしょう。しかし、これは新しい「経済」の提案になります。つまり、他者の労働の成果を社会的に分配するための仕組みとして贈与を機能させることが提案されているのです。

しかしでは、どうして人々がわざわざ贈与をしたいと思うのでしょうか。そこで贈与することに対してあらためて「経済的」インセンティブを設定する必要があります。

振り返って考えてみましょう。従来の贈与経済では贈与によって相手に負債感を与えることがインセンティブになっていました。従来の贈与経済においては、負債感を与え社会的な優位を確保するために人々は他者よりも多くの贈与をしようと競争したのでした。しかし、「贈与経済2・0」においては、相手に負債感を与えて関係を拘束することを「メリット」として位置づける道は絶たれています。それは関係を束縛するものであり、ひいては身分制を作りうる危険な「経済」だったのです。しかしそうすると、新経済においては、従来の贈与経済のインセンティブは機能しないことになります。

では、贈与経済2・0において人々はなぜ贈与をしたがることになるのでしょうか。

一言でいえば、贈与経済2・0における贈与のインセンティブは、他者との関係を生み出すことに見出されます。他者との関係が生まれることに何のメリットがあるかといえば、この「経済」においては、関係の数と強さが贈与を受ける機会を増やすものになっているため、関係を生むことが端的なメリットになるのでした。資本主義経済の中で生きていくためには「お金」が必要ですが、新経済の中で生活していくためには関係が必要です。新経済は各人が自分の労働の成果物を贈与し合うことで回るため、他者との関係を豊かにすることが、そのまま各人の「経済的な基盤」を構築することを意味するのです。ブロックチェーン上の贈与の記録は、常に開かれた「物語」の中で他者との関係を生み出す「潜在力」となるのでした。その潜在力を高めることが積極的に贈与を行う動機となります。

具体的に考えてみましょう。

Aさんが B さんの苦境を見て自分の店で食べることを提案するという場合、直接的な動機はもちろん「Bさんを助けたい」という気持ちだといっていいでしょう。インセンティブ設計の文脈でいえば余談になりますが、自分が助けることによって相手が喜ぶ姿が見られるということは贈与の非常に大きな効用といってよいかと思います。資本主義経済の

「道徳」に照らせば、しばしばそうした行為は「偽善」と見なされます。しかし、そうした資本主義道徳を内面化することで、目の前にある快楽を抑圧しないといけないというのは何とも禁欲的な振る舞いといわざるをえません。他者から喜ばれるという、それ自身において大きな快楽を得る機会を私たちは資本主義経済の「道徳」によって奪われているわけですね。

新経済では、そうした贈与の直接的な快楽に加えて、Aさんはその贈与の記録を他者との関係を生む力としてブロックチェーンに刻んでもらうことができます。その「力」は、前述のように様々な物語を生み出し、それぞれの物語の中で人々の関係を紡いでいくものになるでしょう。出来事としての贈与の記録は関係を生み出す力となるのです。

しかし、それだけではありません。贈与経済2・0における贈与は、贈与者の社会的信頼を高める効果をもちます。Bさんから贈られたトークンと感謝のメッセージは、Aさんのアカウントの履歴に紐づけられ、Aさんの「人となり」を証明するものとして機能するでしょう。Bさんからの「感謝」の記録がそのまま、Aさんの社会的な信頼を示すものとなるのです。

新経済が浸透し、それぞれの人が名刺に自分のアカウントページのQRコードをつけている状況を思い浮かべていただければわかりやすいでしょうか。はじめて会った人から名刺をもらっても、いまの社会ではその人が実際どんな人間なのかまではわかりません。名刺に肩書や所属が書いてあっても、それはその人のテンポラリな属性にすぎず、その人の人間性を判断するに十分とはいえません。また実際のところ、名刺は単に紙に印刷されているだけのものですから、その名刺が本物かどうかすら疑いうるわけです。

しかし、新経済ではQRコードを読み込めば、改ざん不可能なかたちで記録された贈与の履歴を見ることができます。その人がどのようなかたちで人々から感謝されてきたのかがわかるのです。人はその記録を見ながら、その人が信頼に足る人物かどうかを判断することができるでしょう。それは逆にいえば、他者から感謝されるような贈与を行うことは、自分の人間関係を広げていくための大きな力になるということを意味します。こうして人々は互いに贈与できる機会を探し、感謝されそうなことがあればすすんで贈与を行うインセンティブをもつことになります。贈与はこうして他者の労働の生産物を社会的に分配する機能を再びもつことになるでしょう。新経済の中では他者が喜ぶ贈与をすることがもっとも合理的で「経済的」な行為となるのです。

「感謝」は受贈者から与えられる：感謝の「重み」

このとき、感謝の記録が受贈者の手に委ねられているという点が重要なポイントです。贈与経済2・0経済は、贈与を受けた側が感謝の徴《しるし》としてトークンを送る仕様になっているので、基本的には贈与を受けた側の評価として贈与が記録されます。実際にそうした記録はまさに「関係」の中で発生するので、受贈者が消費者のように完全に切り離されたかたちで評価することはできないでしょう。しかしそれでも、贈与者の主観によるのではなく、2人の間で共有される評価となる点で一定程度の客観性を担保することができます。少なくとも当事者の間ではそのような感謝のかたちが妥当なものと考えられたということは記録に残るからです。

開発中のアプリでは、トークンを送るときには、どのぐらいの量の「ハート（HRT）」を送るかで感謝の「重みづけ」をすることができるようになっています。自分が手元でもっているハートのうち、どのぐらいの量を送るかで、感謝の「重み」を表現することができる仕様になっているのでした。

「重み」は、「送る側の手持ちのトークンの総量の比」と「1日のハート供給量との比」の掛け算によって測られます。

$$\text{感謝の重み} = \frac{\text{今回送付量}}{\text{所持量}} \times \frac{\text{今回送付量}}{\text{1日にもらえる量}}$$

贈与の出来事をブロックチェーン上に刻む

順番にみていきましょう。ハートをたくさんあげればそれだけ多くの感謝を示せるようにしてしまうと、感謝を表明する上でハートをたくさんもっている人が有利になることになります。新経済ではハートに資産性を与えず、ハートをたくさんもっていても別に何の利益もない状態をあえて作りたいので、感謝の「重み」をハートの絶対量ではなく、手持ちのトークンの総量の比によって表現する方式が採用されています。こうすることで、受贈者は必然的に「深い感謝」と「日常的な感謝」を区別することができるのでした。

現在導入が進められている新経済では、参加者に毎日一定量のハートが供給されるため、手元の「ハート」がなくなるということはありません。トークン自体に経済的な価値はなく、単に記録のための媒体として位置づけられているのですが、それでも量に限りはあるので参加者は手元のハートをやりくりしながら、感謝の「重み」を表現することになります。例えば、日毎に供給されるハートが1000で手持ちが1万ハートだったとすると、手持ち1万ハートの8割にあたる8000ハートを贈るのはハードルが高いけれど、100ハートは楽に出せるということになります。

　このとき、「送る側の手持ちのトークンの総量の比」だけで「重み」を測ろうとすると、総量が減っても「割合」を高く保つことができるので「重み」は総量の比だけでなく、「1日のハートの供給量との比」も勘案する必要があります。8000ハートを送って残り2000になっても、その8割（1600ハート）を送ることで「深い感謝」を示せるのであれば、人はいつでも何のリスクもなく「深い感謝」を継続的に示せることになってしまいます。「1日のハートの供給量」はトークンのインフレ率との兼ね合いで自動調整されます[5]が、ハートの「重み」は、それと「送る側の手持ちのトークンの総量の比」を掛け合わせることで算出される仕様になっているのでした。そうすることで本当に「深い感謝」があった場合にだけ、その重さを伝えることができるのです。

　あるいは感謝の重みがトークンの量によって表現されるという点に抵抗を覚える向きもあるかもしれません。ハートトークンは「お金」に換算されるものではないので、ハートの「量」には送る方の相対的な困難さを示すものでしかないのですが、それでも感謝が「量」として表象されるのは贈与の精神に反するのではないかとお考えになる方が出てくる可能性があります。

　しかしそれは、ハートトークンが既存の「お金」のアナロジーで理解されることによる誤解の側面もあるように思われます。「ハート」の機能について十分な社会的認知ができていない状況ですので、ハートが「お金」のアナロジーに引っ張られるのは仕方ないところなのですが、ハートはそういうものではありません。贈与の「重み」をハートの絶対量ではなく「どのぐらい大変か」ということで表現するのは、そのためです。どれだけ多くの量のハートをもっていても、そこに社会的な意味が含まれない（資本主義経済であれば「お金」の量が「社会的地位」を表すかのように表象されるわけですが）ように使われれば、量はあくまで相対的な感謝の「重み」を伝えるものにすぎないと社会的にも認知されるのではないかと思われます。

実際のところ、出来事としての贈与をブロックチェーン上に記録することだけを考えれば、必ずしも感謝を「量」で表現する必要はないのでした。ブロックチェーン上の規格として「NFT（ノン・ファンジブル・トークン）」と呼ばれるものがあり、それを用いればメッセージや写真だけで「感謝」を記録することもできるのでした。

しかし、そうすると参加者はいつでも負荷なく「感謝」を表明することができてしまいます。感謝はそこでいくらでも発行できる空手形になって、それぞれの「重み」を判別することができなくなります。わざわざトークンを「量」で表現されるもの（＝FT（ファンジブル・トークン））に設定したのは、「感謝」を一定の限度の中でやりくりするものとして位置づけるためなのですが、このあたりはプロジェクトの進行を見ながら検討する必要があるかもしれません。

しかし少なくとも、ハートには贈与を清算する力はないという点にはご留意いただければと思います。どれだけたくさんのハートを送ったとしても、贈与は贈与であり、「チャラ」にはなりません。ハートの量は、出来事としての贈与の「重み」を示すものであって、贈与を清算するものではないのでした。ハートの「重み」は、贈与から関係を生み出す潜在力の強さを示すものなのです。

「不正」の回避

しかし、贈与をすることに新経済上のインセンティブが生まれるとすれば、よい贈与の履歴を付けることを目的とした「不正」が行われるようになるのではないかと心配される方もいらっしゃるかもしれません。例えば、友人と示し合わせ、特に何の贈与も行われていないのにもかかわらずトークンを送り合って、互いに「深い感謝」の記録を刻むというようなことが考えられます。履歴をつけることにインセンティブが発生するならば、その履歴自体を手っ取り早く手に入れようという人が出てくるだろうというわけです。

しかし、この点についても、贈与がどんな「意味」をもつかはいつでも開かれているということで回避できると思われます。というのも、いくつかの「不正」のパターンが確立することで、逆にそれを見極めて検出することができると考えられるからです。例えば、いくつかの確立した「不正」のパターンを履歴から抽出し、その可能性がある場合にアラートを表示する仕組みを作ることは比較的容易です。「不正」を抽出するアルゴリズムが正しく機能するかどうかは疑いの余地がありますので、アルゴリズム自体をオープンにしたり、「不正」のアラートをすぐにそのまま「不正」の事実と判断しないだけのリテラシーの共有は必要かもしれません。しかしいずれにせよ、「不正」を抑制するような仕組みは構築することができます。一般的にいって社会的信頼を積み重ねることには時間がかかりますが、積み重ねられた信頼はひとつの「不正」によって簡単に崩れてしまいます。そのリスクを冒して「不正」に贈与の履歴をつけることはできても、それがどのような「意味」をもつかはオープンです。未来の他者からみて恥じない信頼を重ねることが贈与経済2・0における「合理的な行動」となるように思われます。

贈与の履歴は「信用スコア」なのか?

このように見ると贈与経済2・0の仕組みは、「信用スコア」によって人間の行動を評価するもののようにイメージされる方もいらっしゃるかもしれません。よく知られているように中国では、年収や資産、借入の状況や返済履歴といった従来金融機関等で共有されていた信用情報に加えて、ウェブでの行動履歴や購買履歴、SNSの使用履歴などの情報をAIによって総合的に評価し、スコア化するシステムが導入されています。中国における決済サービス大手のアリペイが中国政府の支援を受けて導入したもので、罰金の滞納者が航空チケットを購入するのを航空会社に拒否されたりと、信用スコアの高低によってアクセスできる社会サービスが変化するものとして実際に機能しているのでした。

贈与の記録を個人の社会的信頼の基盤とする贈与経済2・0は、その点だけみれば、中国の信用スコアと同じものであるように見えるかもしれません。しかし、それらは本質においてまったく異なるものになります。

第一に、アリペイの「信用スコア」においては算出するアルゴリズムが一切公開されていない点に大きな問題があります。自分の外側から一方的に評価基準が設定され、本人が制御できないかたちでスコアだけが独り歩きする危険が伴います。アルゴリズムがフェアな仕方で設定されている保証はどこにもなく、背後にいる中国政府との関係も不明瞭です。反政府的な言動をする人間に対して信用スコアを著しく下げるといったことも自在にできる環境では「信用スコア」は、見えない「評価者」の目を気にしながら行動するように人々を促すものとして機能することになるでしょう。そうした環境では「個人の自由」が著しく制限されることはいうまでもありません。

新経済における贈与の履歴においては、贈与の「意味」は常に開かれているべきものとして位置づけられます。前述のような「不正」を抽出するアルゴリズムについても、常にオープンな環境で開発されなければなりません。不当な意味づけに対して意味づける側の倫理を問える環境が保持されない限り、社会的信頼を示す「信用スコア」自体を信用する理由は存在しないというべきでしょう。

もうひとつ大事なことは、贈与経済2・0における贈与の履歴は、改ざん不可能で誰にも不正利用されないことがあらかじめ保証されているということです。アリペイが信用スコアの算出に用いる「ビッグデータ」は、特定の会社が保有するものでした。特定の企業が保有し、その中身が一切公開されない状態で「結論」だけが与えられる信用スコアは、内部でデータの書き換えが行われても、外からその不正を判定することができません。「AI」に任せていれば絶対的中立を保ってくれると呑気に構える向きもあるかもしれませんが、その運用をするのは特定の利害関係をもちうる人間です。十分なチェック体制が確立しない状態でスコアだけが独り歩きするような状況は、特定企業による潜在的な人間の支配を許すことになるでしょう。

贈与経済2・0における贈与の履歴においては、パブリック・ブロックチェーン上に記録されることによって「データの民主化」と呼ぶべき状況がはじめから実現しています。データは改ざん不可能なかたちで刻まれており、分散化されたブロックチェーンのノードの間でデータの真正性が常に確保されています。社会的信頼を高めるためにデータを改ざんしようとしても誰も（もちろんアプリ開発者でも）できないことが最初から保証されているわけです。贈与の履歴が個人の社会的信頼を支えるものとして機能するとしても、現在実現している「信用スコア」が抱える構造的な問題とその社会的脅威とは無縁なものといわなければなりません。社会的信頼をブラックボックス化したAIのアルゴリズムに預けることは自由な個人にとってほとんど自殺行為だと思われますが、贈与経済2・0の贈与の履歴は、中央集権的な管理から離れて完全に分散化された状態で刻まれ、人々に自由を与えるものになるのです。

もうひとつ、贈与経済2・0を導入することの大きなメリットは、自分の身元保証を自らの手でできるという点にあります。

IDを自分自身で管理する

通常私たちは、自分がどんな存在であるかを証明するために第三者機関を必要とします。「日本国民」であることを証明してもらうためにはパスポートを発行してもらわないといけませんし、職員証や学生証も自分が所属する機関にお願いして発行してもらわなければなりません。これはいわば「当たり前」のことであり、そのことに殊更不便を感じている人も少ないかもしれません。しかしそれでも、私たちは現状、自分の「存在」を証明するのに共同体からの認証を不可欠としているのは事実として受け止める必要があるでしょう。私たちが社会的な意味で「存在」するためには、必ずどこかの国に所属していなければならないのです。

新経済においては、しかし、各人は自分の存在をこれまで行ってきた他者との関係の中で証明することができます。自分のアカウントに刻まれた贈与の履歴がその人の社会的信頼を保証するものとして機能しうるのです。その保証を得るために第三者機関に証明を求める必要はありません。自らの行為の記録と他者からの評価が、自分の「存在」を証明するものとして機能するのです。

贈与経済2・0は利己的なシステムなのか？

このように見るならば、贈与経済2・0は資本主義経済と同様に個々人の欲望を基礎にする仕組みということになります。人々はそれぞれ自分のために他者への贈与を行います。贈与をすることのインセンティブは、個々人の欲望を基にしていることになるのです。

しかしそうすると、新経済もまた資本主義経済と同様に「利己的なもの」であるということになるでしょうか。他者のためになされるはずの贈与も、結局のところは自分の欲望を満足させるための手段になっています。そこでは贈与は、個々人が自分の「利益」のために行うものになり、贈与が本来もっていたはずの機能を果たさなくなるのではないかと考える方もいらっしゃるかと思います。

そうした理解もまた資本主義経済のアナロジーに基づく「誤解」というべきものだと思いますが、それを説明するためには「欲望」と「利益」の違いを考える必要があるでしょう。新経済は実際、個々人の欲望を基礎に贈与を連鎖させる仕組みになっています。贈与をすることに社会的なインセンティブを設定するということは、すなわち、人々が自分の欲望を満足させるために贈与を行うようにシステムを設計するということにほかなりません。個々人が自分の欲望を満足させようとすることで経済が回るという点で考えれば、それは確かに資本主義経済と同じ構造をもっているといえるでしょう。

しかし、だからといって贈与経済2・0においても人々が「利己的」に振る舞うかといえば、そうではありません。人間の欲望は他者との関係において成立するもので、欲望を満足させるために利他的に振る舞うことは普遍的に見られる現象です。資本主義経済において人々は他者関係から切り離され個人単位でそれぞれに欲望を満たそうとするように促されました。他者関係から切り離された「個人」がそれぞれに自分の欲望を満たそうとするために、人々が「利己的な振る舞い」をするようになったのです。

新経済において人々がそれぞれに自分の欲望を満たそうとするときには反対に、上手いやり方で他者関係を構築することが求められることになります。関係を切るのではなく、他者関係の中で自分の欲望を満たすことが求められるのです。そうした場合、人々はまさに自分の欲望を満たすために利他的に振る舞うことになるでしょう。他者が喜ぶことをすることは、そもそもそれ自体において直接的な快楽を生み出すものでした。各人が自分の欲望を満たすために行う行動は、贈与経済2・0においては、利他的なものとして現れることになるのです。

それでも、新経済のインセンティブ設計においては贈与の目的が「相手が喜ぶこと」から外れて、「自分の社会的信頼を作るため」に移動することになるのではないかと思われるかもしれません。しかしそれでも、贈与にはいつでも個別の宛先があることに注意していただきたいと思います。贈与は常に「ほかでもないあなた」に対して行われます。「自分のため」とはいっても、贈与は常に特定の関係の中で（あるいは関係を求めて）行われるのです。その限りにおいて、受贈者もまた出来事としての贈与を「相手が自分のために勝手にやったこと」と処理できないことになります。各人が「自分の社会的信頼を作るため」に贈与することが経済的行為として一般化したとしても「なぜほかならぬ私がこれを受け取るのか」という「わからなさ」は発生します。贈与が社会的に稀有なものでなくなっても、贈与がもつ「わからなさ」は失われず、その都度、具体的な関係の構築を目指すものとして機能しうるのです。

贈与経済2・0の「財産」は相続されない

もう一点、こうして社会的信頼の基盤として紡がれるアカウントの履歴が世代間で引き継がれるものではないという点も強調しておきたいと思います。新経済の仕様から考えれば当たり前のことではありますが、資本主義経済や従来の贈与経済が相続によって財産や負債を未来世代に引き継ぐ仕組みであることを考えると画期的なことだと考えられます。

資本主義経済では財を成した人が自分の子どもに財産を引き継ぐことが普通に行われます。相続税は差し引かれるものの親の経済的な地盤がそのまま子どもに引き継がれるわけです。家族関係にすら個人主義を浸透させる資本主義経済においては、そうした経済的基盤こそが家族関係の基礎をなす場合もあるでしょう。スタートラインの「平等」は、資本主義経済において高く謳われるものですが、絵に描かれた「平等」は実際には親の経済状況によって歪められているといわざるをえません。

他方、贈与経済でも世代間で負債を引き継ぐことで共同体内での贈与の「フェアネス」を維持していました。贈与を受けた家が社会的な負債を引き受け、贈与をする家に従属する仕組みは、個人間の関係にとどまらず「家」の系列の中で蓄積されることで成立していたのでした。場合によっては一生かかっても返済不可能な負債を生まれながらに負うような状況もそれによって生み出されることがあったわけです。

贈与経済2・0においてはアカウントの履歴はその人固有のものになるので、どれだけの「関係資本」がそこに蓄積されても別な人に引き継がれることはありません。贈与の履歴はまさにその本人の「人となり」を示すものとして機能するのでした。その人の葬式において履歴をみなで閲覧しながら「人となり」を偲んだり、お墓にQRコードを刻んでお参りする人に故人の生きた記録を改ざん不可能なタイムスタンプ付きで示したりすることはできますが、誰もその「財産」を相続することはないのです。贈与経済2・0では、それぞれの人が自分の行為によって他人からの感謝を紡いでいく点において「平等」が実現されることになるのです。

贈与経済2・0におけるコミュニティの位置づけ

新経済が人々の間に関係の構築を促すものだとすれば、その結果生まれるコミュニティの位置づけについてきちんと考えておく必要があるでしょう。まずはごく簡単にいって、贈与は個別の人間を対象とする場合の他に、共同体を対象とする場合がありえるからです。「誰かのために」ではなく「みんなのために」なされる贈与は、贈与経済2・0においてどのように位置づけられるのでしょうか。

従来の贈与経済においてはコミュニティの存在はむしろ前提となっていて、贈与に「意味」を与える物語を共有する枠組みはあらかじめ存在するものと見なされていました。しかし、新経済では、関係の中からコミュニティが発生したり、解体されたり、作り直されたりする仕組みとなるため、コミュニティの機能を新たに定義することが求められます。

贈与経済2・0における コミュニティとは、贈与にまつわる「物語」を共有できる人々の集まりということができるでしょう。各人が主体的に「物語」を共有することでコミュニティが生まれるのです。これまで見てきたように贈与は出来事として記録され、「意味」が不確定な「モヤモヤ」が様々な「物語」を生み出しうる「力」となるのでした。そこから引き出される「物語」を主体的に引き受けることで他者との関係が規定されます。苦学生のBさんに4年間食事を提供したAさんの贈与から引き出される「物語」は、新経済において、必ずしもBさん個人で担わなければならないものではありません。それは様々なかたちで引き受け可能なものでしたが、何らかの「物語」の中でそれが意味づけられると、一定の社会的なコードを含む関係として位置づけられることになるでしょう。「親子関係」としてそれを引き受けなくても、知り合いを店に呼び込む役割を積極的に引き受けるかもしれませんし、Bさんに文筆の才や発信できるメディアがあればそれを著すことで報いるということもできるでしょう。いずれにせよ、Bさんには自ずと、引き受けられた役割に応じた社会的なコードが発生することになります。「何をすべきか」ということが、そこから導き出されるからです。

一定の人の集まりの中で贈与が行われる場合には、贈与の意味付けによる社会的コードは、コミュニティの中でのルールのようなものとして機能することになります。コミュニティの中でそれぞれの人がどのような役割を担うのが「フェア」であるか、その役割に応じて行われる贈与の連鎖がどのようなものであるべきか。明文化される場合もあるでしょうし、暗黙のうちにルールとなる場合もあるでしょう。共有される「物語」の中でコミュニティ内で各々の贈与の「意味」が見出され、それがそのままコミュニティ参加者の行動を統制するコードとなるわけです。

このあたりは従来の贈与経済の機能と重なる部分であり、窮屈さを感じさせるものになっているかもしれません。個々人がコミュニティのルールに縛られ、不自由を感じるようになるのではないかと思われる向きもあるでしょう。しかし、このコードがそれぞれの参加者が望んで「物語」を共有できている限りは、「不自由」と感じられることはないはずです。それはむしろ自らの「経済」を拡張するものとして歓迎されるべきことになるでしょう。それは贈与経済2・0の中で生活するためのインフラとして機能するわけです。

資本主義経済において「お金」を稼ぐためには、ときに自分が主体的に引き受けられないような「道徳」に従わなければならないわけですが、コミュニティのルールは自分が望む限りで引き受けられるものになっています。他者の労働の成果物を社会的に分配するためには、他者との間で何らかの「フェアネス」が共有されなければなりませんが、新経済では自分がコミットするコミュニティのコードを主体的に引き受けることでそれを確保しようというわけです。

直接民主制のコミュニティ

そのためにはしかし、コミュニティ内で各人が主体的にルール形成に関われるような仕組みが必要になるでしょう。コミュニティ内で「物語」を共有するとしても、コミュニティの成員のすべてがその「語り」に関われる仕組みを導入する必要があるように思われます。「昔からそう決まっているから」とか「ここではみなそうやっている」などというかたちでコミュニティの考え方を外から押し付けられるのではなく、参加者がそれぞれに内面化できる環境を構築できることが重要です。

しかし、各々コミュニティは、贈与の「モヤモヤ」の中から紡ぎ出された「物語」を共有する人々の集まりだったわけですから、基本的には様々なところで自発的に発生・変容していくものになります。コミュニティ内のルールもそれゆえ、関係者の中で決められるものになるでしょうから、コミュニティの外側から「そのやり方はよくない」とか「不自由を生んでいませんか」などと注文をつけたりすることはできないでしょう。贈与経済

2・0全体を管理するような主体は存在しないので、誰がそんな注文をつけられるのかという問題もあります。

それでも、コミュニティ内で各人が主体的に運営に参加できるような仕組みを新経済の「仕様」とすることはできます。ひとつの「コミュニティ」に参加できるメンバーを150人までに限定するのです。この制限を設けたからといって必ずしもメンバー全体の意志を反映したコミュニティ運営を実現することはできないでしょうが、そのために必須な「必要条件」を満たすことはできます。

参加する人々すべてが同意しながら意思決定をする方法は、直接民主制と呼ばれます。みんなの意見を意思決定に反映させるのが「民主制」ですが、現状の社会では人々の意志を代表して議論する人を選挙で選ぶ「間接民主制」が採られることの方が多いでしょう。直接民主制は、参加者すべてが議論に参加するので各人がその結論に主体的に同意できるよい仕組みではあるのですが、個別の案件ごとにメンバー内で納得できるまで熟議を重ねる必要があるため、時間的なコストが大きくなるわけです。アプリの導入などによってある程度までコストを下げることはできますが、それでも人数が多くなると指数関数的にコストが跳ね上がることになってしまいます。それゆえに一定上の規模の共同体では、民意の反映という点で大きな不具合をもつ「間接民主制」を採らざるをえなくなっているのでした。

そこで新経済では「コミュニティ」に参加できる人数を制限しようというわけです。人数を制限したからといって、すべてのコミュニティで必ず直接民主制が採られることにはなりませんが、直接民主制が成立するための必要条件は満たすことができます。先にみたように新経済のコミュニティは贈与に基づく直接的な関係を基礎にして作られるため、個人の利害しか考えない人々が集まるよりも自然に直接民主制を採りやすい状況を期待することができるでしょう。人数制限というサポートを設けることで、直接民主制の成立を自然崩壊させるような要因を取り除くことができると考えられます。

翻って考えてみれば、ルソーによる「近代社会」の構想が歴史の実験の中で不可避的に全体主義へと陥ってしまったのは、一般意志の分裂を避けるために反対者の粛清をも手段として用いざるをえないような状況があったからでした。国全体で同じ意志を共有するために中央で決まった事柄を周縁に押し付けることが不可欠になってしまったのです。ルソー自身が構想した「民主主義」においては直接民主制が想定されていたことを考えると、一般意志の共有をめぐって私たちが歴史的に経験してきた悲劇はある意味で必然だったのかもしれません。

ちなみに「150」という数は「ダンバー数」と呼ばれるものに拠っています。ダンバー数とは、人類学者のロビン・ダンバーによって示されたもので、人間が安定的な社会関係を維持できるとされる人数の認知的な上限とされます。ダンバーは人間以外の38種類の霊長類のデータから推定して人間の平均的な集団の大きさを１５０人程度と推計したのでした。ダンバー数を超えるような集団だと、人間は規則や義務などによって人々の行動を縛る必要に迫られるといわれます。ダンバー数はそれ自身、十分に実証されているとはいえないものですが、仮説として試験的に設定する価値はあるでしょう。新経済において求められるのは、贈与に基づく関係によって成立するコミュニティがその関係の直接性を失わないことですので、ダンバー数の１５０というのは妥当であるように思われます。

退出する自由

ただ人数制限を設けるだけでは心許ないと思われるかもしれません。かつての贈与経済がそうであったように贈与に基づくコミュニティが「村化」していく危険は、単純な人数制限では排除できないと思われる方もいらっしゃると思います。

しかし、新経済では、贈与の記録とその「意味」を分けることによってあらかじめ「退出する自由」を確保できているのでした。出来事としての贈与の記録はコミュニティの

「物語」の生み出す「力」となります。しかし、それは必ずしも「同じひとつの物語」に還元される必要はありません。出来事としての贈与は様々な「物語」に開かれており、特定の「物語」を実体化する契機は贈与経済2・0においては最初から免れているのでした。「物語」は人々の主体的なコミットによって維持されるため、いまの関係を規定している「物語」が、そのままずっと人々の関係を規定し続けるわけではないでしょう。しかし、コミュニティ内で「物語」を設定する権力が一部の人に偏り、特定の人間がコミットできない「意味」を外から与えられる状態に陥る可能性は否定できません。「フェア」な意味づけを訴えて「物語」の変更を求めることはできますが、それでもコミュニティに支配的な「物語」から退出することを余儀なくされることもあろうかと思います。

従来の贈与経済においては、コミュニティを離れることでそれまで行ってきた贈与は無に帰してしまうのでした。贈与に「意味」を与える共同体から離れてしまえば、贈与自体が存在しなかったことになります。それまでの贈与は特定のコミュニティでのみ評価されるもので、離れてしまうと「意味」をもたないものになってしまうのでした。

わかりやすい例えかどうかわかりませんが、旧来の日本型経営における従業員のあり方に擬《なぞら》えることができるかもしれません。年功序列のシステムが機能していた時代の日本の企業では、理不尽なことがあってもひとつの会社に勤め上げることに大きなメリットがありました。若い頃の給料は安くても、勤め上げることで「コア従業員」として社内で幅を利かせられることになります。その会社に固有のロジックに通じることで社内での地位を高めることができたのです。会社への奉公＝贈与は、お金に換算できないもので、離職してしまえば「意味」を失います。その会社のシステムの中で賢明に奉仕したとしても、内部のロジックに従うものである限りにおいて、それが別な会社で評価されることはありません。それゆえ従来型の日本的経営において人々は、それまで捧げてきたものが無化されるのを恐れて、理不尽なことがあっても会社を離れることができない状態におかれていたと考えられます。

贈与経済2・0においてはしかし、コミュニティ内でなしてきた贈与の記録は、コミュニティから離れてなお本人のものとして残されます。それを意味づける枠組みがなくなったとしても、贈与が存在したこと自体は記録に残っています。退出したコミュニティの中でその人がどれだけの貢献をしてきたのかは、履歴を見れば判断できます。ひとつの「意味」の枠組みがなくなっても別様なかたちでそれを意味づけ、新しい関係へと育てていくことができるのです。コミュニティを抜けることで受けるダメージはゼロではありませんが、それでも自分がやってきたことはやってきたこととして記録に残される環境があるのでした。

コミュニティはオープンであるように促される

また、コミュニティとしても一部の人間に利するような運営は、新経済における「合理性」を欠くものとなるでしょう。

コミュニティの人数がダンバー数に制限されることで新経済では複数のコミュニティに参加することが一般的な形態になります。そうなると、ひとつのコミュニティに対する依存度は必然的に小さいものになってきます。かつての「村社会」では（あるいは「日本型経営」では）、コミュニティのメンバーが生活する基盤がすべて共同体に預けられていました。そうした状況においてはコミュニティを離れる選択は非常に重いものになり、結果として不本意ながらコミュニティに残るということがありえました。しかし、新経済において人々は、複数のコミュニティを渡りながら生きることになります。ひとつのコミュニティに対する生活の依存度は低く抑えられるので「嫌ならば出る」ということが容易なものになるわけです。

そうするとコミュニティの運営としても必然的にオープンであるように促されることになります。コミュニティの側でも参加者を確保するための努力をしなければ小さな経済圏での贈与の循環に甘んじなければならないことになるのです。

従来の贈与経済においては人々を共同体に縛り付けることが経済を成り立たせる必要条件になっていました。贈与に「意味」を与える神話の共有が贈与経済を維持するための不可欠な要件になっていたために、共同体の規範を内面化することが強いられていました。

贈与経済2・0においてはしかし、メンバーをコミュニティに縛り付けるよりも、メンバーを介して別の様々なコミュニティと接続することに「経済合理性」があることになります。偏った価値観の共有をメンバーに強いるクローズドなコミュニティを運用するよりも、風通しのいい方が「合理的」となるのです。クローズドなコミュニティ運営は自然と接続する贈与経済圏の枠組みを小さくすることになるでしょう。150人規模のコミュニティでは、生活に必要なものを内部ですべて賄うことは困難です。そのため、いかに外部とのコミュニケーションの回路を増やすかが重要になってきます。十分に「合理的」であるならば、人々はコミュニティをオープンに運用するように促されることになると予想されるのです。

例えば、新経済の実証実験を行う地域のひとつの石川県の白峰では高齢化が進んで人口が減少し、このまま何の対策もなく進むと集落自体が消滅する恐れをもつ地域になっていきます。他方で、従来の贈与経済はなお地域に根づいていて、朝、軒先に誰がおいたかわからない（が、想像することはできる）野菜が転がっているようなことが普通にあるコミュニティなのでした。そうしたコミュニティが「部外者」に閉じた運営をするならば、人口減少に歯止めをかけることは到底できないでしょう。地域創生の枠組みではよくいわれるように、こうした集落においては「関係人口」を増やし、定期的に集落を訪れるような人を増やして若い移住者を獲得する必要があります。白峰の人々は十分にオープンなのでその点の問題はないのですが、一般的にいって、外部の人々とつながって経済圏を広げていくことがコミュニティの運用にとって非常に重要な戦略となることはお分かりいただけるかと思います。贈与経済2・0においては経済圏を広げるために新しい関係に対して常にオープンでいることが求められることになるのです。

贈与経済のネットワーク化

実際のところ、これまでも資本主義経済のオルタナティブとして贈与経済圏を作ろうとする試みは様々なところでなされていて、そのうちのいくつかは何十年も続いているものもあります。例えば、三重県の鈴鹿で営まれている「アズワン」さんのコミュニティでは、2001年からお金を介在しない経済が実践されています。自分たちで資本主義経済とは異なる経済圏を作り上げているアズワンの人々の実践には頭が下がりますが、それでもこうした試みが資本主義経済に比較するとどうしても規模の点で劣るものにならざるをえないというのが難しいところだと思います。同じ理念を共有するコミュニティを増やし、世界でその環を広げていく試みもされていますが、「理念」を共有するかたちでの拡大にはやはり一定のハードルがあるといわざるをえません。どんなに魅力的な「理念」であったとしても、それがひとつの「物語」である限りにおいてルソー主義の危険を拭い去ることができないと思われるからです。

相対的に小さい規模にならざるをえない贈与経済圏では、生活に必要なものを賄うことはできても、それ以上の「豊かさ」を求めることはできないでしょう。資本主義経済の市場はグローバルで世界中の多種多様な生産物にアクセスすることができます。グローバルサウスに対する搾取の上にという看過できない条件つきではあるものの、資本主義経済は安価で多様な商品を提供できる仕組みをもっているのでした。そうした環境に比べると、通常の方法で実現可能な贈与経済圏の魅力は相対的に減じてしまいます。資本主義経済の「豊かさ」に比べれば、限定された贈与経済圏の「経済性」は比較することができないほど「貧しい」ものにならざるをえないように思われるのです。

贈与経済2・0は、しかし、贈与経済圏のプラットフォームとして潜在的に世界中の人々をつなぎうるものになっています。ひとつのコミュニティの贈与経済圏は小さくともそれらのコミュニティはメンバーをハブにして互いにつながっています。スタンレー・ミルグラムの「小さな世界」論によれば、世界中の人々は知り合いの知り合いを辿って6回で互いにつながるのだそうです。[6] ブロックチェーン上に記録される贈与の記録は、コミュニティの意味づけを離れてそのまま世界に通用するのでした。贈与経済2・0において紡ぎ上げた信頼をもとに、私たちは世界中の人々とつながることができるのです。

例えば筆者がアフリカに旅行にいったとしましょう。行き先ではいくつかのコミュニティが新経済に参加しているとします。事前のコミュニケーションは密にする必要があるでしょうが、贈与経済2・0においては筆者が地元で積み上げた信頼をアフリカのコミュニティに持ち込んで評価してもらうことが可能となります。互いにアカウントの履歴を確認し合いながら誰かと信頼できる関係を結ぶことができたならば、その人物を核として現地のコミュニティにアクセスすることもできるでしょう。観光客向けに作られた映画セットのような施設を回らされ、ただ外貨を落とすことだけを期待される旅行ではなく、現地の人々の生活にじかに触れるような体験をすることができるはずです。そうして構築される現地の人々との関係は、旅行が終わって閉じられるものではなく、未来に向けて開かれたものになります。そこではおそらく「旅行」[7] と呼ばれるものの内実が変わることでしょう。旅行はもはや単なる「観光」ではなく、贈与経済圏を拡張するものとして位置づけられるのです。従来の贈与経済がもっていた規模の問題は、こうして贈与経済2・0において贈与経済のネットワーク化によって解消されることになると思われます。

「地域通貨」との違い

こうした贈与経済2・0の仕組みは、従来の試みとどう違うのでしょう。オリジナリティにこだわる理由はないので、すでに類似の試みがあるようならば別なプロジェクトを立てる必要はないのですが、筆者の見るところ他にはなさそうです。ただ、近しい試みはある／あったので、いろいろとご存知な方は気になるかもしれません。贈与経済2・0の「独自性」を謳うことにあまり意味はありませんが、気になる方向けに少し説明をしておきたいと思います。特に気にならない方はどうぞ次の章に進んでいただければと思います。

まずは「地域通貨」との違いです。地域通貨は、ローカルなコミュニティ内の経済を活性化する方法としてすでに様々な場所で導入されています。グローバルな資本主義経済における成長を追求するのではなく、ローカルなコミュニティの中での人々のやり取りの中に価値を見出そうとする試みとして、新経済と重なるところがあるように思われる方もいらっしゃるかもしれません。

実際、目指している方向としては大きく重なる部分があると思うので、そうした事業をされている方々とは何らかのかたちで連携できればと思います（今回のハートランド・プロジェクトを別にしても筆者は10年来いろんなかたちでの地域活動に関わって来たのでした）が、仕組みとしては現状の方法は不十分であるように感じています。というのも、一口に「地域通貨」といっても様々な取り組みがありますが、それらのどれをとっても資本主義経済の中で流通する「円」や「ドル」といった「法定通貨」との関係で「価値」を測る仕組みになっているのでした。[8] そのために、地域通貨が浸透しても結局は、資本主義経済の「道徳」から人々を切り離すことはできないと考えられます。

わかりやすいところでいえば、比較的メジャーな地域通貨の導入方法として、法定通貨をチャージし、利用額に応じて「ポイントバック」を得る仕組みを採るものがあります。私たちが普段使っている「お金」を、使える場所が限られ、使用期限のある地域通貨に替えてもらうために「経済的」なインセンティブを付加するというやり方です。地域通貨に替えてもらえれば、7％から多くて20％までポイントを還元しますよというわけです。企業が顧客の囲い込みのためにポイントバック・キャンペーンをするのと同じ仕組みで、地域の人々の消費行動を地域経済に囲い込もうというわけですね。こうした試みが、地域経済を活性化する大きな成果を出していることは素晴らしいことだと思います。が、そこで人々を動機づけているものは資本主義経済とまったく変わりません。そこでの「価値」の判断はなお、資本主義経済の「道徳」に縛られているため、本質的なところで人々の欲望の流れを変えるものにはならないように思われるのです。

もちろん、単純な「ポイントバック」のようなかたちではなく、コミュニティへのコミットメントを地域経済の活性化に役立てるような地域通貨もあります。1980年代にカナダで最初に導入されたLETS（Local Exchange Trading System）は、人々が地域経済へ参加している意識を共有する仕組みとして、現在、様々な国や地域で採り入れられ、日本でも運営されています。LETSはひとことでいえば、コミュニティに対する「ツケ」で取引できる仕組みということができるでしょう。AさんがBさんに10ドルの支払いをするとき、Aさんの口座からBさんの口座に10ドルが移動します。普通ならばこの支払いのためにAさんは自分の口座にあらかじめ入金しておく必要があるわけですが、LETSでは入金するのではなくみなゼロの状態からはじめることになっているのでした。そのため、取引の後にAさんの口座には必然的にマイナスがつくことになります。Aさんがこのマイナスを解消するためには、同じコミュニティの人に何かサービスを提供する必要があり、そうしてはじめて自分の口座にプラスを計上することができるのでした。このとき口座のマイナスはBさんに対する「借り」ではなく、コミュニティ全体に対する「借り」となります。

こうしたやり取りの中で参加者には自然にコミュニティの意識が生まれることになるでしょう。サービスの提供先もコミュニティ内の人で「負債」もコミュニティ全体に負うものになっているからです。そのように考えるとLETSは、贈与経済における「負債感」と類似の機能を貨幣経済上で実現できる仕組みということができるかもしれません。コミュニティに対するライトな「負債感」が、共同体の意識を高めコミュニティ内へのサービスの提供を促すものになっていると考えられます。

こうした仕組みは非常に優れたもので、もっと社会に浸透してもいいと思いますが、それでも贈与経済2・0に比べると、「地域経済の枠組みが固定されること」「管理者の管理コストが高くなると同時に、どうしても中央集権的な仕組みにならざるをえないこと」「コミュニティ間の通貨の通用性がないこと」「なお法定通貨との関係で価値が算定されること」などが課題として挙げられると思います。贈与経済2・0は、個人をベースにインセンティブ設計がなされているのでコミュニティの贈与経済をネットワーク化することができます。中央集権的に管理する必要もありません。法定通貨との関係で価値を測るのではなく、贈与をインセンティブとする別な経済を駆動させることができます。そういった点で、なお新経済を導入する必要があると思われるのです。

また、比較的新しい取り組みとして「eumo《ユーモ》」と呼ばれる通貨があります。これは次章でご紹介する「新経済を実装するための新経済」に参加いただいている社会起業家の方が役員をされている会社で行われているものですが、こちらも現行の経済の中でコミュニティを機能させる取り組みとして優れていると思います。3ヶ月の使用期限のある地域通貨にチャージして加盟店で買い物するという通常の地域通貨の機能に加えて、お店やユーザー間での贈与の記録をつけられるのが特徴です。使用期限が切れた通貨は一度コミュニティの財布に戻りますが、それが参加者に再配布される仕組みもあります。贈与の記録をコミュニティ形成に利用する点において贈与経済2・0に重なるところの大きい取り組みということができるでしょう。素晴らしい試みでぜひ浸透してほしいと思いますが、それでもトークンを法定通貨で購入する点において一定の限界があるといわざるをえません。資本主義経済と異なる経済圏を開くものというよりも、その延長に位置づけられるものになっているように思われます。そのため例えば、eumoの贈与経済圏の中だけで生活することは困難でしょう。そこではなお、資本主義経済の「合理性」が機能してしまうため、「生きるために最適な行動」はなお資本主義経済と同じものになります。コミュニティに対するコミットメントに実質的な「経済合理性」がなければ、人々の「善意」に頼る仕組みになってしまいます。また、eumoにおいても基本的にはコミュニティ単位の枠組みになるため、LETSで見たような「地域経済の枠組みが固定されること」「管理者の管理コストが高くなると同時に中央集権的な仕組みになること」「コミュニティ間の通用性がないこと」は同様に課題となると思われます。ｅｕｍｏの取り組みは非常に興味深いものですが、それでもなお贈与経済２・０を実装する必要は残ると思われます。

ＮＡＭの失敗

また、かつて柄谷行人によって展開されたＮＡＭ（New Associationist Movement）をご存知の方は、そこで構想されていたことと贈与経済２・０がどう違うのか気になる方もいらっしゃるかもしれません。柄谷は、田畑稔によるマルクスにおけるアソシエーショニズムの再評価[9]を受けて、２０００年から２００２年にかけて2年半、ＮＡＭと呼ばれる運動を展開しました。運動の「原理」として掲げられた項目には贈与経済２・０に重なるような文言が見出されます。例えば、ＮＡＭ原理の（２）には「非資本制的な生産と消費のアソシエーションを組織する」という文言がありますが、これなどは、資本主義経済とは異なる「経済」によって人々のつながり（アソシエーション）を生み出す贈与経済２・０の試みに重なるように読めるかもしれません。その手段としてＮＡＭが地域通貨の発行を目指していたことも合わせるとますます近いと思われても不思議はないかと思われます。

地域通貨についてはLETSを基礎に「Q」というものが作られましたが、これは前述したように価値尺度を資本主義経済から借り受ける限りにおいて贈与経済2・0とは異なるものです。ですので、NAMが実際におこなった「実践」については贈与経済2・0との違いは明確なのですが、柄谷が言葉の上で語っていたものとの類似でいうと、いろんな解釈が可能なため、多少厄介になります。

さしあたり問題は「非資本制的な生産と消費」といわれるものが柄谷において何を意味するものだったのかということになるでしょう。これはNAMにおいては「協同組合」が想定されていたかと思います。柄谷は現存する大学生協がかつて学生運動によって担われていたことなどを例として挙げています。が、生協でも「お金」は使いますね。その点でなおやはり贈与経済2・0とは異なるものが考えられていたのではないかと思いますが、これも「解釈」によるので何ともいい難いところは残ります。[10]

実際のところNAMの運動は、筆者が大学院生のときにリアルタイムで眺めていたものでもあり、柄谷がいうような「無意識的な継承」がないとはいい切れない部分もあります。「そういうこと〔=無意識的な継承〕が起こるのは、このような運動が誰かが創始したというものではないからです。たとえば、私はNAMを創設したけれど、アソシエーションあるいはアソシエーショニズムは昔からあります。それは意識的なものではなくて、無意識的なものです」[11]。それはそのとおりかもしれないのですが、ただ筆者個人としては当時からNAMに批判的でその評価はいまも変わっていません。それは、NAMが基本的にはマルクス主義的な「党」の発想から抜けきれていないと思われるからです。

例えば柄谷は、イメージの自由な連合（＝アソシエーション）がカントのいう「統覚」を必要とするようにアソシエーショニズムの運動にも「党」が必要だといいます。「アソシエーションは自由な連合ですから、放っておくと、恣意的で偶然的な結合になってしまう。だから「統覚」が必要です。／たとえば、アナーキストは、マルクス主義は中央集権的だと批判します。しかし、一定の「統覚」がなければ、どんな運動組織も成り立ちません。〔中略〕それ〔＝ポピュリズム的政治〕に対抗しうるのは、旧来のタイプの政党ではなく、アソシエーション、アソシエーションのアソシエーションとしての政党だと思います[12]」（傍点筆者）。アソシエーションを束ねて「党」を作るという発想には、旧来の左翼運動の枠組みが色濃く残されているように思われます。

NAMはそもそも「資本と国家への対抗運動を組織する」ものとされ、「対立」を前提にした言葉がアジテーションとして多用されています。「闘う対象」を設定して行われる運動は、それが「正しい」と信じられれば信じられるほど「正義」を振りかざすことになるでしょう。また、そのために参加者の「結集力」を求めるものになると思われます。そうしたかたちの運動が仮に盛り上がって成功すれば、ほとんど不可避的に「全体主義」に陥る危険をもつことを、この本の第2章で見てきました。NAMにも当初からその危険は付きまとっていたと思います。NAMがうまくいかなかった原因は、柄谷によれば、ローカルなアソシエーションを実際に作る人よりも、柄谷が影響力をもっていた雑誌『批評空間』の読者ばかりが多く集まったことにあったと総括されていますが[13]、まさにそのことがNAMの実態を示しているように思われます。柄谷の「カリスマ性」に惹かれる人々が彼を神格化する側面があったこと、そして柄谷自身がその役割を積極的に引き受ける側面があったことは否定できないでしょう。少なくとも筆者には、NAMが掲げる「自由なアソシエーション」という理念は、その実態において最初から裏切られているように思われました。NAMがその理念通りに展開するためには「カリスマの不在」が不可欠だったと考えられます[14]。

贈与経済2・0は、決して左翼的なものではありませんし、そうでないことが重要だと思っています。特定の理念を共有して社会を変えるのではなく、各人が自分の欲望に基づいて参加する経済の中で自然に価値の評価基準が変わってくるような仕組みを作ることが重要です。

では、どうすれば贈与経済2・0を社会に実装できるのでしょうか。次章では、現在進められているプロジェクトの状況と実現に向けてのロードマップを確認したいと思います。

第5章

いま、何をすればいいのか

――「贈与経済2・0」の作り方

新経済の実現可能性

前章ではこれまでの贈与経済の問題点を解消し、資本主義経済の問題を補う「贈与経済2・0」の具体的な仕様が示されました。従来の贈与経済においては人間関係が束縛として機能する側面がありましたが、出来事としての贈与とその意味を与える物語を区別することで、各人が主体的にコミットできる関係の中で「経済」を回す仕組みを実現するものでした。人々が直接的に自分の意志を反映できる小さなコミュニティをネットワーク化することで資本主義経済に比するグローバルな経済圏を作れることが示されました。それは

「前近代（＝贈与経済）」から「近代社会（＝資本主義経済）」へと進んできた歴史の論理を明らかにした上で、来るべき未来の「経済」を提案するものになっています。

しかし、現在、資本主義経済の「道徳」の中で生きる私たちが、どうやったら「新しい経済」を実現できるのでしょうか。資本主義経済の中で生きるためには、その「規範」に従って「お金」を稼がなければなりません。現在の私たちの生活が資本主義経済に依存している中で「贈与経済2・0」を実現するための具体的な方策は未だ明らかになってはいないといわざるをえません。前章では、社会実装を試みる際のシステムの仕様の詳細を確認しましたが、いまの私たちの社会で具体的にどうやって実現するかということは、まだ十分に示されていませんでした。本章では、すでに走り出しているプロジェクトの進捗を確認しつつ「贈与経済2・0」を社会実装するためのロードマップを描きたいと思います。

「ハートランド・プロジェクト」の展開

簡単にこれまでの経過を見ておきます。

贈与経済2・0については、いくつかの紀要論文を書いた後、東洋経済新報社のウェブ記事で発表したのがはじまりでした。2022年6月でしたが、東京大学の斎藤幸平さんと新経済について対談する記事もほぼ同じタイミングで上げられたので、（ひとえに斎藤さんのおかげで）比較的多くの方に注目していただけたのではないかと思います。[1] それまでは文字通り「理論的」な展開しかできていなかったのですが、大変ありがたいことにその記事を機に現在までに800名ほどの参加者に恵まれました。そこから贈与経済2・0の実現に向けた具体的な準備がはじまっています。Discordというアプリを使ってオンライン・コミュニティを開き、

どんな人々が集まってくれたのか

では、具体的にどんな人々が集まってくれたのでしょうか。800名といっても中には様子を見るために入っている方もいらっしゃると思いますが、その中でも積極的にプロジェクトを進める手伝いをしてくださる方々が30名ほどいらっしゃいました。読者の方々に贈与経済2・0の実現可能性をご判断いただくためにも、差し支えないところでご紹介させていただきたいと思います。

斎藤幸平さんとの対談記事をきっかけに参加された方も多いので、気候正義に関心をもつ若い世代とか、あるいは旧来の左派に近い方々が大半を占めるのかなと勝手に想像して

いたのですが、意外にも非常に多様なバックグラウンドの方々が集まってくれました。Eテレの番組制作をされているディレクターの方、資本主義経済のど真ん中でエリート・キャリアを積んでらっしゃるコンサルの方、社会起業家として大きな成功を収めている方、第一線で活躍されている舞台照明の方など、資本主義経済の中で一定の「成功」を収めている方々が積極的に力になってくださったのがまず印象的でした。それぞれの立場で資本主義経済の「限界」を感じておられて、今後のことを考えると資本主義経済の「先」を見据えなければならないのは、ほぼ不可避と考えられている方が多かったことに、時代の流れのようなものを感じました。

その一方で、資本主義経済に対する違和感に基づいて別なかたちの生き方がないか、自ら探されている方々も多く参加いただいています。アメリカのエリート大学を出て勤めた大手コンサルをやめ、インドの聖者に就いて修行を続けている方、銀座のホステスとして名を挙げた後に地方移住されている方、YouTuberとして活躍しながら生活困窮者に食料を届ける活動をされている方、Web3業界のリサーチャーの方、「普通の会社員」とおっしゃる方、障害をおもちの立場でアプリのユーザーインターフェースの問題点を指摘くださる方など、実に多様な方々に参加をいただいています。

これだけ多様な方々が集まるとなると前提となる考え方もいろいろで、贈与経済2・0

を社会実装するという目的を共有していても、その政治的・社会的なスタンスは様々です。実際、参加者の中には左派的なスタンスを採る方もいらっしゃいますし、割りと強固な「トランプ主義者」といえばいいのでしょうか、「エリート左派」による支配に敢然と立ち向かう「ドン・キホーテ」としてトランプ前大統領を高く評価する方もいらっしゃいます。政治的な立ち位置としては、それこそ右・左・無党派と混在しているように見受けられます。

こうした状況を「呉越同舟」と嘆く向きもあるかもしれませんが、筆者としてはこの多様性に希望を感じています。というのも、新経済において特定の価値観が前提にされる事態はぜひとも避けたいと思うからです。似たような考え方の人が集まって進められると、無意識のうちに考え方に偏りが生じるかもしれません。様々な立ち位置から意見を出していただけるのは非常にありがたいことだと思われます。

贈与経済2・0を実現するために必要なのは「同じ理念の共有」ではなく、様々な立場から新経済に参加する人が増えていくことにほかなりません。贈与経済2・0の枠組みの中で贈与することにインセンティブを感じる人々が純粋に増えることが、新経済を実体化させる鍵となります。そのためには、「何か特定の理念を共有しないと参加できない」というハードルをなくすことが重要だと思われます。

その意味で贈与経済2・0を実現しようと手を挙げてくださったメンバーに様々な思想

的背景をもつ方に参加いただけているのは非常に幸運なことだと思います。少なくとも贈与経済2・0が、政治的な立場を超えて受け入れられるものになる可能性が示されていると考えることができるでしょう。第2章で検討したような社会的分断が深刻化する中で、政治的立ち位置を超えて未来の社会のあり方を一緒に考える場ができたことは、それ自体で有意義なことであるように思われました。

新経済を実装するための新経済

特筆すべきは、そうした人々の間で「贈与経済2・0」が始動しはじめているという点です。贈与経済2・0経済を実装するためには、やらなければならないことがたくさんあります。そうした仕事をメンバーの方々が「贈与」で引き受けてくれているのでした。お名前を挙げられる限りにはなりますが、X（旧Twitter）やInstagramのアカウントで広報活動を担当してくださっている池上宏之さんや代麻理子さん、見事なデザインのチラシを作ってくださった近沢名恵さん、成功した社会起業家の立場から有益なアドバイスをくださる武井浩三さんなど、様々な方々の贈与を得ながら、プロジェクトが進められています。その中でももっとも大きな貢献は、アプリケーションの開発をしてくださっている小野田雅之さんと古賀優輝さんによるものです。

ブロックチェーンまわりの開発は、Solidityという特殊なプログラム言語を用いて、セキュリティ上非常に細かな配慮をしながら進めないといけないのですが、これは現在主流のWeb2のシステムに携わっているエンジニアの方々にとって異質なものになっています。ブロックチェーン技術の社会的な可能性は非常に大きいと考えられるものの、現状のWeb3系のサービスは、詐欺や盗難が多発する治安の悪いものになっていてイメージがあまりよくありません。そんな中でWeb3を扱える技術者の数も限られていて、普通にエンジニアを雇って開発を依頼すれば数千万円規模の初期投資は免れない状態がありました。資本主義経済の下での利益を目指すアプリケーションの開発となれば、ベンチャーキャピタルに投資してもらうという選択肢もあったでしょうが、新経済を実装しようというアプリでは、彼らに返せるものは「ありがとう」しかありません。そういったわけで、資本主義経済の通常のスキームにのせて開発することは断念せざるをえない状態がありました。

しかし、小野田さんと古賀さんのおかげで自前のアプリを開発することができています。シグマクシス（という業界では大手のIT系のコンサルティング会社）のバンキング部門のディレクターの小野田さんに彼の本業に近いプロジェクト・マネージャーとして開発の指揮をとっていただき、フリーのシステム・エンジニアの古賀さんには、なんとアプリケーション開発の実務を「贈与」していただいてしまいました。

このような既存の価値基準では「意味がわからない」といわざるをえない贈与を、どう理解すればいいのでしょうか。社会的な「意味」に落ち着けられない贈与が何とも落ち着かない「モヤモヤ」を生じさせるという議論を前章でしました。新経済を実現するための新経済において行われている人々の贈与は、まだ実現していない社会に対するものですので、文字通り社会的な「意味」をもたないものになっているわけです。そのことで、どうにも清算しきれない大きな「モヤモヤ」がすでに蓄積されているということができるでしょう。実際、ご本人たちに聞いても「どうしてほしいというわけではない」といわれていて、何らかの見返りが期待されているわけではないことがわかります。しかし、まさにそうであるからこそ、どのように落ち着けることが「フェア」であるのかよくわからない「モヤモヤ」が膨らんでいる状況になっているのでした。「ここまでやってもらってどうするんだ」というのが筆者の本音ですが、理論上のことが現実に起こっているということでもありますので、筆者としても「モヤモヤ」に向き合いながら、できる限りのことをする以外に方法はないと思われます。

「カリスマ」が不在であることの重要性

こうしたことは、外から見るとなにか宗教じみたコミュニティができているように見えるかもしれません。贈与経済2・0が実体化しないことには社会的に位置づけようのない「モヤモヤ」が現実に生まれてしまっているので、読者の方でも「これは何か」といぶかしんで何らかの「物語」の中に「意味」を見出したいという欲求が出てくるのは、ある意味当然のことと考えられます。その中で「宗教」という言葉は「よくわからないもの」を位置づけるのにちょうどいいものであるように思われます。

実際、このようなことが誰かカリスマ性をもった人物を中心にして起こったのであれば、宗教の「物語」で理解することはあながち間違いともいえないでしょう。例えば、といったら失礼かもしれませんが、前章で出てきた柄谷行人のようなカリスマ性をもった思想家が提案したことであれば、見返りがあるかどうかもわからない仕事をすすんで引き受ける人々が出てくるというのも理解できます。参加する人々が信じるに足るような物語が共有され、その「正しさ」が「超越的なもの」の次元を介して確かめられる回路がそこに成立するからです。マオリ族やカチン族における宗教性がそうだったように、物語が神話の次元へと通じることで、人々は共同体への贈与を当たり前のこととして内面化することができるのでした。

　しかし、新経済を実装するための新経済で贈与いただいている方々は、何か超越的なものを介して贈与経済2・0の実現を確信できているわけではないと思われます。確かに、これまで本書で書いてきたような「新しい経済」に可能性を感じてくれているからこそ手伝っていただけているのだとは思いますし、その限りで何らかの理想的な社会像をこの「コミュニティ」の中で共有しているとは思います。新経済に参加すること自体には何の物語の共有も必要ありませんが、まだ贈与経済2・0が実現していない段階で新経済を実装するための新経済を行っている現在のコミュニティでは、贈与経済2・0の実現という「物語」がコミュニティの核になっているということができるでしょう。そうした物語の共有に「宗教性」が感じられることもあるかもしれません。自分たちにはわからない価値観で人々が動いているのですから、そう思われても無理はないように思われます。

　しかし、重要なのは「よくわからない」という点ではやっている当人たちも同じだという点です。何か「超越的なもの」によって物語の実現があらかじめ保証されているわけではないというのがここで見るべきポイントになるかと思われます。これがカリスマ的な思想家のプロジェクトならば「自分にはよくわからないが彼がいうなら確かだろう」と判断を預けることもできるでしょう。そうやって「超越的な次元」が立ち上がることで、まだ実現していない物語を盲目的に信じることもできるわけです。

しかし、自分でいうのもおかしいですが、筆者にそうしたカリスマ性はありません。実際に参加してくださっている方々も、前から筆者のことを知っていたという人は、ほとんどいないでしょう。あるいは「哲学者」という肩書に何か幻想をいだくようなことはあるかもしれませんが、世の中にこれだけ玉石混交の「哲学者」が溢れている時代にそこに超越性を見る感性はほとんどないようにも思います。

筆者自身が「わからない」だけにこれだけの贈与をいただけることを「モヤモヤ」として受けとめるしかないのですが、お話をうかがう限り、それぞれに現行の社会の問題を考えていてその解決方法を探していたということのようです。従来のように「新しい社会」の理念を共有して社会運動を展開することも違うと思っていたところに、少しでも可能性のある道が見えたということでご協力をいただいているということでした。つまり、超越的なものを介した「確信」には程遠いものながら、現在示されている選択肢の中では一番可能性が感じられるものだったために協力いただいているということのようです。そう考えていただけるのは提案者としてそれ自体うれしいことですが、同時にこの時点ですでにこのプロジェクトが筆者の手から離れつつあると感じられました。確かに筆者は提案はしましたが、実装にあたっては現時点ですでに自分以外の方々のコミットメントによってプロジェクトが進んでいるわけです。

実際、ハートランドのプロジェクトに実現可能性が見出されるとすれば、それはカリスマがいないことに求められるように思われます。誰か卓越した人に「正しさ」を預けるのではなく、各人がそれぞれに「新しい社会」を模索し主体的にそれにコミットできる環境が保持されることが、贈与経済2・0の実装の鍵となっているように思われます。筆者の提案はその叩き台のひとつであって、それ自体に価値があるものではないと考えるべきでしょう。少なくとも現状のコミュニティでは実際にそう考えられているように思いますが、筆者のいうことはおいて常に「ゼロ地点」からあらためて問題を考え直す契機は今後も重要な契機であると思われます。最終的に筆者の貢献などほんの僅かなものでほとんどのことは他の方々の手によるものだったと何の衒《てら》いもなく認められるようになることが、このプロジェクトの成功を示すものになるのではないでしょうか。

ただくどいようですが、こうした話は「新経済を実装するための新経済」を実行している「ひとつのコミュニティ」の中での話で、この後実装されていく贈与経済2・0に参加することと自体には何の要件もないということは繰り返しておきたいと思います。贈与経済2・0の実現のために何か貢献しようとする態度をとらなければ新経済に参加できないのではなく、そこに「経済的」な利益を感じられる人は誰でも自由に参加できるものでなくてはなりません。それぞれの人が自分のまわりの人々に贈与することで自分の社会的な信頼を積み上げたいと思って参加いただければよいと思います。贈与経済2・0を実装しようとするコミュニティは、その意味で新経済のコミュニティのひとつの例のようなものにすぎず、贈与経済2・0の参加者はそれぞれの贈与の連鎖の中で自由に自分たちのコミュニティを立ち上げることができます。くれぐれも、贈与経済2・0の参加とその実現へ向けた貢献とは区別して考えていただければと思います。ここでは新経済の実装可能性の如何を読者のみなさんにご判断いただくために、その材料として現状のコミュニティの状況をご紹介しているのでした。

東京・高円寺と石川・白峰の実証実験の開始

さて、そうやって進められてきたプロジェクトですが、アプリケーションの開発も一段落し、2024年4月から実証実験をはじめることになっています。メンバーの贈与によって進められてきた開発ですが、2023年4月からトヨタ財団の「先端技術と共創する新たな人間社会」の助成事業に採択され、開発の一部をアウトソーシングしながら進めることができました。「新経済を実装するための新経済」で行われる贈与の「モヤモヤ」の大きさに耐えかねていたところで、ようやく貢献していただいた方に「お金」を払えるかとも思われたのですが「いまさらわずかな金額をもらっても」と固辞され、助成いただいた開発費は、賛同いただいた企業の方への発注に使わせていただいています（ただ、途中で大幅な工期の延長を伴う変更が入り、見積をだいぶ超えた作業が必要になったのですが、もともと少ない金額で無理に引き受けていただいていたところを増額分も今後の「関係」の中で解消するということで企業さんに泣いてもらうかたちになりました。その意味で、発注を受けていただいたゲンキシステムさんからも「贈与」を受けていると思います。記して感謝申し上げる次第です（もちろんハートも送ります！））。

助成いただいたトヨタ財団さんにもハートを送らせていただければと思いますが、おかげさまで2024年4月から東京・高円寺と石川・白峰の2地域で実証実験を行うことになりました。都心部と山村部の2地域の人々に贈与経済2・0に参加してもらい、贈与経済2・0の実体化へとつなげていくという計画になっています。

高円寺は「日本のインド」（みうらじゅん）とも呼ばれる特殊な街ですが、コアなカルチャーが多種多様に絡み合って共存しています。「阿波おどり」や「びっくり大道芸」など街全体を巻き込む大きなイベントが存在する一方で、縦横に走っている商店街の店一軒一軒が常連さんを中心とした小宇宙を形成していて、パンクやメタル、ロック、様々なジャンルの古着屋、古本屋、「全貧連」、落語会、アートギャラリーなど、小さなコミュニティがゆるくつながりあっています。資本主義経済が個人の自由に基づいた価値の一元化を実現するものだとすれば、高円寺の街は都心部に位置しながら「部族性」を強くもつ街ということができるかもしれません。

実証実験では、BnAホテルを立ち上げ参加型アートを基礎に地域コミュニティのネットワーク化を担う大黒健嗣さんやCafé Bluemoonを拠点に様々な地域活動をされている浅井義彦さん、座・高円寺に在籍しながら高円寺全域をまたぐイベントのコーディネートしている篠部洋介さん、高円寺を中心にバラエティに富んだ個性的な店を次々に出店してネットワーク化している㈱どりーむずかむとぅるーの高橋勇さんといった地域のキーパーソンの協力をもとに、いくつかのコミュニティをまたいだ贈与経済2・0の実装に取り組むことになっています。各々のコミュニティ内で新経済を採り入れてもらってネットワーク化するだけでなく、一部店舗で一般のお客さんにハートで商品を提供する試みも計画されています。都市圏において資本主義経済のオルタナティブをどれだけ広げていけるかを検証したいと思います。

石川県の白峰地域は、白山の麓、江戸時代に幕府の直轄地として栄えた地域で最盛期には3000名を超える人々が住む地域でしたが、近年過疎化が進み680名程度まで人口が減った「限界集落」になっています。金沢工業大学が白山麓にキャンパスを移転するに伴って地域創生事業がはじまり、近年では産学官が連携しながら様々な実験的な取り組みが行われています。

実証実験では、金沢工業大学で地域創生事業を担当されている福田崇之さん、白峰地域の地方創生に長年取り組んでおられるスマートホテルソリューションズ社長の高志保博孝さんの協力のもと、これまで様々な地域で地方創生活動を成功させてきた宮下智裕先生にご参加いただき、白峰地域に住む方々に贈与経済2・0に参加してもらいます。地域で根づいている贈与経済を外に開かれたグローバルなものへとつなげていく道筋を探ることが目指されます。すでに高円寺地域のコミュニティとは複数の人間をハブにしてつながっていますが、新経済への参加によって潜在的な関係人口を増やすことがどういった効果をもつかを検証することになります。地域で日常的に行われている贈与の記録が、外からみて訪れたくなるほどの魅力をもちうるのかどうかを確かめたいと思います。

まずは1年間使ってみていただいた結果を分析しながら、誰でもアプリケーションを使って贈与経済2・0に参加できる環境を整備していきたいと思います。巻末に参照先リストもありますので、関心をもっていただける方はぜひご連絡ください。

贈与経済2・0の実現に向けて1：資本主義経済の中で贈与をやってみる

そうしていよいよ、2025年には世界中の人々が自由に新経済に参加できる環境が整うことになります。従来のSNSのようにアカウントを作って参加してもらうことになりますが、アカウント情報を管理する運営主体は存在しません。アカウント（正確にいえば、ブロックチェーン上に作られるウォレット・アドレス）は個々人が自分で管理するものになるので、企業や運営団体のような組織が一方的に停止したり、操作したりできないものになっています。個々人はそうして、身近な人々に対する贈与の記録を自分の社会的な信頼として蓄積することができるようになるのです。

それでは早速、贈与をしてみましょう。付き合ってくれる人を探す必要があるのが最初のハードルになるかと思いますが、贈与経済2・0が関係を基礎にするものである以上、これればかりは仕方のないところです。

「個人の自由」を基礎にする資本主義経済の「道徳」に照らせば、相手も忙しい中で経済的な意義もよくわからないものに付き合わせるのは失礼と感じられるかもしれませんが、贈与経済2・0はそうした資本主義経済の「道徳」とは別に関係を志向するものなのでした。お互いを資本主義経済の「道徳」で縛っているうちは、他者との関係も「個人」に分断された従来の枠組みに準拠したものにとどまらざるをえません。試しに贈与経済2・0に参加してみようと思われる方は、事前に相手に説明する必要はあるかもしれませんが、ぜひ「新しい関係」を見出そうとする相手に対して、贈与を行ってみていただければと思います。

そこで生まれる「新しい関係」とは、どういったものでしょうか。ここでも何か宗教のようなものの匂いを感じ取られる方がいらっしゃるかもしれません。従来、私たちが慣れ親しんできた「道徳」を離れて、新しく他者と関係し直すといわれても、その得体の知れなさに躊躇するというのは十分にありうることだと思います。

もちろん、資本主義経済が要求するような他者との「距離」を、社会生活を営む上で重要な契機と考えて、あえてそれを崩すようなことはしないという選択もあるでしょう。資本主義経済の中で生きるにあたっては他者もまた同じ「道徳」を共有することを要求できるわけで、その規範の一般性を放棄するようなことはしたくないと思うのは、十分に理にかなったことだと思われます。それゆえ、贈与によって他者と「新しい関係」を開くことを必要としない人は、新経済に参加する動機はないということになるでしょう。その点を無理して試していただく必要はまったくないと思います。

しかしもし、一方で資本主義経済の「道徳」を一般的な形式として残しながらも、それに縛られない関係を特定の他者との間で開くことに何らかの可能性を見出だせるようであれば、ぜひ試しに贈与をしてみていただければと思います。

「何を贈与するのか」については、完全に贈る相手との関係で決まると考えた方がよいかと思います。基本的に相手にとってうれしいものでなければ、贈与は贈与として機能しません。贈る側の勝手な価値観で「喜ぶはずだ」と考えられるものを贈ったとしても、そこから一緒に「新しい関係」を目指すようなものとして機能しないことは明白です。相手がうれしいと思うことをするというのが、贈与の基本といえるでしょう。あるいは相手がもらってくれないこともあるでしょうが、それはそれで仕方ないことだと思われます。「意味」のわからない贈与をもらって「モヤモヤ」したくないというのは、十分に想像されるリアクションだと思われます。

しかしともあれ、何らかの贈与が実現したとしましょう。資本主義経済の中で生きる私たちにとっては、ここまで来るのが大変なところかもしれませんが、晴れて贈与が行われたとします。そうしたら、相手にハートを送ってもらい、「ありがとう」の記録をブロックチェーン上に記録してもらいます。やり方の詳細については、巻末資料のリンクからウェブサイトにアクセスいただければと思います。贈与という出来事がなされたことがそうして刻まれるわけです。

「新しい関係」は、その贈与の記録をもとに模索されることになるでしょう。それが具体的にどのような関係になりうるかについては、まったくオープンです。「関係」といっても、必ずしも重く受け止める必要はありません。「会ったら挨拶する」などということもひとつの関係だと思います。「たくさん採れた／余った食材をもらってもらう」という贈与によって「会ったら挨拶する」という関係を生み出す／維持するというのでも十分な贈与の機能だと思われます。いずれにせよ、互いに納得するようなかたちで「モヤモヤ」を解消する中で関係が発生／維持されることになります。そうやって贈与をつなげていくことが基本的な贈与経済2・0への参加方法ということになります。そうやって贈与を積み重ねる中で2者関係を超えた贈与経済圏に開かれていくことになるのです。

贈与経済2・0の実現に向けて2：コミュニティ単位での参加

社員のコミットメントを高めたい企業の方、個人主義的な分断に悩まれている自治会の方、あるいは「ケア労働」を公正に評価したい共同体などでは、コミュニティ単位での新経済への参加を検討いただければと思います。一度に全員が参加することは難しくても、資本主義経済の評価軸では見落とされてしまうような行動を組織／共同体として評価できるようになります。

すでに一部の企業では「社内ポイント制度」といったかたちで社員相互の「感謝」を可視化する試みが採り入れられ、会社に対する社員の帰属意識を高めたり、社員間の日常的なコミュニケーションを活性化させています。お金とは異なる評価軸をおくことで、会社の共同体としての意識を高めることができるのでした。そういったシステムをお金を払って導入しなくても、会社単位で贈与経済2・0に参加いただければ、同じ効果が期待できるでしょう。ひとつの会社に閉じない仕組みではあるので、人材の囲い込みの効果には一部限定が付けられるかもしれませんが、それでも贈与の連鎖の中で共同体の帰属意識を高めることはできます。この場合、新経済で期待されるコミュニティ内での直接民主制の実現は困難かと思いますが、資本主義経済の中で私たちの一番「身近」にある共同体の中で贈与の連鎖を根づかせることができると思われます。

また、かつては互助組織として機能していたものの、資本主義経済の中でそれぞれに忙しい生活を強いられて形骸化しつつある地域のコミュニティが実質的な「経済性」を取り戻すための手段としても贈与経済2・0への参加は有効です。地域活動を「ボランティア」で担おうとしても、参加できるのは時間に余裕がある人間か、地域に経済的な基盤をもつ地元商店街の人々に限られるという状況は、しばらく前からどこの地方でも起こっている現象です。「ボランティア活動」にはそれによって関係が生み出される明確なメリットがあるわけですが、その「関係」自体が小さなコミュニティに閉じられていたり、資本主義経済の中での経済合理性をもたないものであるために、担い手を確保するのが困難なものになっているのでした。

そうした中、コミュニティ単位で贈与経済2・0に参加いただければ、贈与の連鎖をコミュニティ内部に閉ざすことなく、参加者を増やしていくことができるでしょう。地域活動に参加することが新経済における経済合理的な行動として位置づけられるため、人々が実質的なメリットを得ながらコミュニティを活性化していくことができます。

加えて、「ケア労働」と呼ばれる資本主義経済の枠組みでは評価しづらい他者への気遣いを正当に評価するために新経済は大きな役割を果たしうると思います。

例えば、近しい人々の介護や家事労働といったものの価値を「お金」で表象することは困難です。家事労働を賃金に換算し、その「価値」の評価を求めることもなされますが、実際に資本主義経済下で「お金」を生み出すものではない以上、権利要求の水準を離れるものではないでしょう。介護による休職も円満に認められる環境であればよいですが、それでも介護をすること自体の「経済的」な価値が認められることはありません。資本主義経済においては、私たちが実際に生きる上で不可欠な他者との関係を評価することができないのです。

新経済は、そうしたケア労働を「経済的」に評価する仕組みとなります。そこでは、相手からの感謝の記録を当事者同士の関係を超えて社会的に位置づけられるようになります。他者への「献身」は、そこでは、単に特定の立場の人間を関係に縛りつけるような「美徳」の物語に消費されることなく、その人自身の人間性を示すものとして社会的に評価されるのです。ケア労働のたびに「ありがとう」が明示されるだけでコミュニケーションが改善するかもしれませんし、それがブロックチェーンに記録されることで個人の信頼を積み上げることもできるでしょう。子育てや介護の経験が「売り」となる活動は増えてきていますし、実際に社会的な需要もあると思われます。そこに単なる形式ではない実質的な根拠をもたせることができるわけです。他者との厚い関係を社会的に評価するための仕組みとして贈与経済2・0の活用は有効と考えられます。

贈与経済2・0の実現に向けて3：ネットワーク化

こうして様々な場所で贈与経済2・0が導入されていくことで贈与経済圏のネットワーク化を促進していくことができるでしょう。各々のコミュニティにおいて行われる贈与は、そのコミュニティにおける関係性において「意味」をもちますが、同時に世界中の人々に対する信頼の基盤としても機能します。

白峰地域で行わる贈与が、高円寺の人々との間の関係人口を増やす機能をもちえたように、贈与経済2・0のプラットフォームにおいては、すべての人々が贈与経済圏のネットワークでつながることができます。贈与経済2・0に参加する人々が増えれば増えるほど、そこで提供される贈与の種類と量が増えていき、人々はやがて新経済の中だけで生きていくことができるようになります。お金を稼ぐために嫌々ながら働かざるを得なかった人々が贈与のネットワークの中で生活する選択肢を得ることになるのです。

こうして贈与経済2・0が、資本主義経済と並行しながら社会実装されていく現実的な道筋を得ることができました。それは非現実的な理想ではなく、私たち自身の欲望に即して実現可能なことだと思われます。「前近代」的な贈与経済の束縛を離れて、資本主義経済の問題を補うような「新しい経済」は、こうして社会実装していくことができるのです。

最後の章では、贈与経済2・0の社会実装の後を見据えながら、よりよい社会のあり方を考えていきたいと思います。

第6章

未来の社会はどのようになるのか
――「近代社会」を超えて

贈与経済2・0の社会実装によって社会はどう変わるのか

前章では贈与経済2・0を社会実装するための道筋を示しました。様々な立場の人々の参加を得て、実際に贈与をいただきながら実証実験がはじまります。その後は贈与経済圏をネットワーク化しながら、贈与することのインセンティブを実体化し、誰もが気軽に自分の社会的信頼を構築するために使える状況になることが計画されていました。贈与経済2・0が社会実装されれば、ネットワーク化された贈与経済圏の中で人々の労働の成果が分配されることになり、必ずしも資本主義経済の中で生きなくてもいい選択肢が生まれることになるでしょう。

何度も繰り返しているように、この試みは何らかの「革命」によって資本主義経済のシステムを壊そうというものではなく、むしろ並存しながら別のグローバル経済圏を開こうとするものでした。それゆえ、贈与経済2・0が社会実装されてもお金を媒介にして他人の労働の成果物を獲得するという現行の仕組みは（ある意味では当たり前ですが）そのまま残ることになります。

しかしそれでも、新経済が実装されれば、お金を稼がなければ生きていけないという現状の社会の拘束から人々が解放されます。贈与の連鎖の中で他者の労働の成果物にアクセスできるようになれば、贈与をして他人から「ありがとう」といわれるだけで生きていく選択肢ができることになるわけです。

資本主義経済の周縁におかれ、生活すること自体に「非人間的」な苦労を強いられている人々が、人間的なつながりの中で生きていく手段を獲得することは、それ自体において非常に大きな社会的な意義があるでしょう。しかし、贈与経済2・0を導入することによる変化は、それだけに留まらないかもしれません。資本主義経済の発展の少なくとも一部が「お金を稼がなければ生きていけない」という人々の状況を逆手にとり「死ぬよりはまし」な労働環境を強いることで実現する部分があったとすれば「別な選択肢」の実現はその前提を覆すことになるからです。

第1章で確認したように、私たちが「近代社会」と呼ぶものはほとんど資本主義経済の浸透によって実現しているのでした。「自由」「平等」「民主主義」など「近代社会」を特徴づける概念はたくさんありますが、それらはすべて資本主義経済のシステムとして実現したものでした。ルソーによる「もうひとつの近代社会」の構想を別にすれば、「近代社会」とは自由競争と奴隷解放、市場原理の徹底としての「道徳の民主主義」を意味するものと考えることができたのです。つまり、ある意味で「近代社会」と呼ばれるものは、すべての人々が資本主義経済にコミットすることで実現するものだったということができます。別な経済の中で生きる選択肢ができることで、その枠組みはどう変化しうるのでしょうか。最後の章では、そうした未来の社会のあり方を検討したいと思います。

「安心」から「信頼」へ

第1章で見たように資本主義経済は「個人の自由」を認めるものである一方で、システム全体での「よい/悪い」を一元的に決定する仕組みでもありました。市場原理による価値の判断が自由競争の結果として「フェア」なものであり、各人はその結果を自己の責任において引き受けなければならないという「道徳」が共有されました。別の経済の中で生きる選択肢ができることで、これまで一元化されてきた資本主義経済の「道徳」が相対化されていく可能性が出てきます。新経済が浸透していく段階では、資本主義経済の「道徳」も一定程度以上、なお尊重されながら他者関係を規定する規範として機能するでしょう。しかし、新経済の中だけで生きる人々が増えてくれば、資本主義経済の「道徳」を社会全体で一元化することができなくなっていくと予想されます。

資本主義経済の「道徳」を一元化できなくなると、これまで私たちが「常識」として他人に押し付けてきた規範が弱くなるかもしれません。贈与経済2・0が資本主義経済と平行的に社会に浸透している状況では、人々は必要な限りで「お金」を稼ぐことも続けることでしょう。その限りで資本主義経済の「道徳」は守る必要があるので競争原理が人々に厳しいルールを課す状況は存続することになります。資本主義経済においては何をやっても「自由」であるはずですが、市場原理の「道徳」から外れた行為をすると「お金」を得ることはできないので、そのために人々は他者が一定のルールを守ることを期待できる社会になっていたのでした。

新経済の中だけで生活できる人が増えてくれば、資本主義経済の「道徳」に縛られない人が出てくることになります。そうなると資本主義経済の「道徳」が社会全体で一元化されていた状況に比べて、他者の行為についての予見不可能性が高まることになります。資本主義経済の「道徳」に縛られない人でも他者関係の中で生きていく必要はあるので、自分が属しているコミュニティの規範は守ってくれるはずです。コミュニティの運営も、先にみたように、クローズドな価値観に閉じることに贈与経済2・0上の「合理性」がないので、基本的にはコミュニティ外の人々にとっても通用性の高いルールが適用されると期待できるでしょう。つまり、現行の資本主義経済の「道徳」がすべての人に期待できなくなったとしてもまったくのカオスになることはないと思われます。

しかしそれでも、これまで私たちが暗黙のうちに行っていたような自分が守っている価値観を相手にも押し付けることはできなくなります。明確に「不当」と見なされる行為を調停する方法については後に見ることにしますが、そこまでではない事柄に対しては他者の価値観を尊重せざるをえない状況が生み出されることになるかと思います。そもそも同じ「道徳」を守ることにコミットしていない他者に対して、自分が想定する規範を要求することはできなくなるのでした。新経済の中で生活する人は他者関係を良好なものとすることの「経済性」を身にしみて感じているはずなので、個々人が「お金」を媒介にした関係に分断されている資本主義経済の状況とは基本的に異なります。その中で他者の価値観の尊重を強いられる状況が生み出されることになるのです。

筆者としてはこうした状況の変化はむしろ望ましいのではないかとも思うのですが、人によってはなお不安を覚える方もいらっしゃるかもしれません。これまで維持されてきた社会的な「安心」が崩されると感じられる可能性があるからです。この点、日本人に固有の「安心」のあり方を示した社会心理学者の山岸俊男の研究を参照して考えてみましょう。山岸は日米の比較実験調査によって「契約・訴訟社会」といわれるアメリカよりも「集団主義的」といわれる日本の方が他者に対する「信頼」が低いことを示しました。「集団主義」と呼ばれる日本人の行動は、むしろ非協力者を罰する制裁によって維持されます[1]。日本人が他者に対して「安心」できるのは、他者を「信頼」できるからではなく、期待される行動をとらなかった場合に高いコストがかかる社会的規制があるからだというわけです。そして「安心」が優先される環境では、他者への一般的な「信頼」が阻害されることが実験によって示されたのでした[2]。

「日本人」や「アメリカ人」といった枠組みがどの程度まで有効かはおくとしても、自分と同じ規範を他者に押し付けることによって実現する「安心」が「信頼」とトレードオフになっているという指摘は非常に興味深いと思われます。「安心」を優先させる心性が他者を「信頼」する契機を奪っているのだとすれば、「安心」が失われる不安は「信頼」によって補填されうる可能性があると思われるからです。資本主義経済の「道徳」の一元化が機能せず「不確実性」が高まる環境においてこそ、まずは他者を「信頼」するところからはじめることが重要になってくると考えられます。まず「信頼」から入る人は「騙されやすい能天気な人」ではなくむしろ、相手が本当に「信頼」できるかどうかを敏感に探る「社会的知性」の高い人であるということも山岸が実験によって明らかにしたことでした。[3] 社会において価値判断が一元化されず「安心」できない状態におかれたとしても私たちは他者の価値観を尊重しつつ、互いに「信頼」を深めていくことができると考えられるのです。

資本主義経済における「道徳」の脱魔術化

また、資本主義経済において一元化される「道徳」が、必ずしも「安心」できるものではないという点も見ておく必要があるでしょう。

例えば私たちがスーパーマーケットの棚に陳列された商品の質について「安心」できるのは、なぜでしょうか。聞いたことのないブランドのものであっても競争の激しいスーパーの棚に置かれているということは、それに値するものだと見なされます。実際に確かめる前でもその商品が自由競争の結果、勝ち残ったものであるということで一定の「安心」を得ることができるのです。もちろん、それが裏切られた場合にはスーパーにクレームを入れるなどの行動をとることができるでしょう。あえて自分でやらなくても多くの客が行き交うスーパーで誰かがクレームを入れられるという状態が「安心」を支えているわけです。つまりは、私たちは資本主義経済における「懲罰」の働きを知っているので、あらかじめルールが守られていることを期待できるのでした。

しかし、そうした資本主義経済の「道徳」の内容が、いつでも手放しに「正しい」わけではありません。「企業努力」の結果、規制の少ない中国で作られた安い3倍濃縮のトマトを輸入しイタリアで水を加えて薄めただけの商品が「イタリア産のトマト缶」として売られていたり[4]、高価なウサギを避けウシやブタで代用したものを「ウサギ膠」と称して高く販売されていたり[5]、食品に「無添加」と表示することは添加物を付与した食品の販売を阻害する行為として禁止されていたり[6]、消費者の目から隠されたところで合理化する手法が日常的に採られています。そうした方策は、企業にとってはまさに競争に勝ち残るために必要なことであり、資本主義経済の「フェアネス」に則して導かれるものでもあったわけです。

資本主義経済ではまた「広告技術」によって「正しい物の見方」を人々に内面化させる手法も一般化しています。無意識の構造を明らかにした精神分析の創始者フロイトの甥にあたるエドワード・バーネイズは、フロイトの「集団心理学と自我の分析」（1921）を応用して大衆の無意識を操作する「広告技術」を開発しました。「広告技術が公衆をトレーニングすることで、公衆は彼ら自身のグループ〔の狭い見方〕から出て、偏りのない観察者の視点で物事を見ることができるようになる」[7]とバーネイズはいいます。「広告の使命は、公共的な意識の創造によって、その高い有用性を社会へと提供することにある」[8]といいながらバーネイズは「ＰＲ」の重要性を問いたのです。「ＰＲ」とは「Public Relations」の省略形ですが、それは文字通り「公共的な意識」に人々を結びつけ、彼らを「狭い物の見方」から引きはがすための手段として位置づけられたのです。

バーネイズは実際、食肉業界の依頼を受けて医者から「真理」のお墨付きを引き出し、「栄養価の高い朝食が望ましい」という「キャンペーン」を展開して「ベーコンエッグ朝食」という「新しい文化」を作り出しました。それは人々の欲望を「正しい」方向へ向けるものと見なされたのです。広告技術の発達に伴って私たちは消費者として「正しい行動」を採るように働きかけられるようになったのでした。

もちろん、そのような資本主義経済の「道徳」が「間違っている」とはいえません。何が「正しい」かの判断は上から決められるものではないでしょう。実際、私たちはそうした「企業努力」によって安価な商品を手に入れることができるのであり、一部の富裕層を除けば、みなそうやって資本主義経済の中で一般化された商品を購入して生きているわけです。それを「間違っている」などというのは不遜なことに違いありません。

しかし、資本主義経済の「道徳」がいつでも必ず「正しい」ということもできないでしょう。資本主義経済の中で生きているより他に選択肢がない状態であれば、否応なしにその「正しさ」を引き受ける必然性もありました。しかし、もし贈与経済2・0の中で人々が生活できるようになれば、そうした「道徳」が社会全体に一元化されなければならない理由はなくなります。資本主義経済の「道徳」が「正しい」と思う人々がその価値観にコミットするのは問題ありませんが、コミットできない人がそれでも「みなが信じているのだから」という理由で強要される必要もなくなるわけです。

贈与経済2・0の導入に伴う価値の多元化によって資本主義経済の「道徳」の一元性が解体される恐れがありますが、その変化は人々の価値判断の「自由」を保証するものとなると思われます。「みながそう信じているから信じられる」ものだった資本主義経済の「道徳」は、そうして現行の盲目性を離れ、内実を問われるようになるのです。

価値観の違いをどうやって調停するのか

しかし、贈与経済2・0において、それぞれのコミュニティごとに異なるルールが設定されるのだとしたら、それらが対立する場合には、どうすればいいのでしょう。オープンである方が経済的に優位となる仕組みとはいえ、それぞれのコミュニティ内で設定される「正しさ」が別なコミュニティと相容れなくなることは考えられます。ルール設定が個別のコミュニティの主体性に委ねられるのだとすれば、コミュニティの間で何らかのコンフリクトが起こったときに、どのような基準で「正しさ」を判断すればよいのかが問題になるでしょう。

贈与経済2・0への参加には、特定の理念の共有は求められないと申し上げてきました。それは単に参加のハードルを下げるためのものではなく、贈与経済2・0が「経済」として成立するための要件になっています。資本主義経済においては実際、「自由」の名の下に特定の「道徳」の共有が求められていたわけですが、真の意味で多様な価値観を許容するものでなければ来るべき「新しい経済」として十分なものにはなりえないと思われます。

しかし、そうであるならば、新経済内で異なる価値観の間のコンフリクトが起こった場合にどう調停すればいいのかが大きな問題となります。贈与経済2・0が全体として何らかの「正しさ」を設定しないのであれば、どんな基準で判断すればいいのかわからなくなるように思われるのです。

もちろん、「近代社会」の枠組みが維持されている限りは、最終的にそれぞれの国家の法に照らして判断されます。しかし、それはそれとして、資本主義経済の価値の一元化が崩れる可能性を考えるとなお「戦後国際秩序」の枠組みがそのままのかたちで維持されると安易に前提できない可能性は考えておいた方がいいでしょう。[9] 現代の私たちが「当たり前」にしている戦後の「国際秩序」を所与と考えず、贈与経済2・0が内在的に要求する「新しい社会」がどのようなものなのかを考えておく必要があるように思われます。

それでは、贈与経済2・0において異なる価値観の間の調停はどのようにすればよいのでしょうか。「全体で共有されるべき「正しさ」をみなで議論して決める」といったような解決方法では、おそらくこれまでのオルタナティブな試みが陥った全体主義の危険を回避することは困難だと思われます。「みなで議論」といっても、その規模が大きくなればなるほど「中央」と「周縁」の差異は大きくなっていくと思われるからです。すべての人々が議論に参加し、そこで合意された「正しさ」を自ら納得して内面化できればよいのですが、贈与経済2・0全体といった大きな規模では「一般意志」を決する段になって不本意ながら従わざるをえない人々が出ることは不可避と考えられます。もしそこで新経済のプラットフォームを提供している運営主体が権力をもつようになれば、現在の参加者がどれだけ善意をもってコミットしていたとしても、構造的に全体主義へと陥る危険は拭えないと考えられるのです。

しかし、「正しさ」を共有しなくても「価値観の違い」を調停する方法はあります。贈与の「ゼロ地点」をブロックチェーン上に確保し、共同体の基礎となる物語を相対化する枠組みをもつ贈与経済2・0においては、全体で共有されるような「大きな物語」を作ることなく「価値観の違い」を調停することができるのです。どうやってそんなことが可能なのでしょうか。その新しい方法について、従来の熟議民主主義の「失敗」に照らして考えてみたいと思います。

熟議民主主義の失敗

熟議民主主義では、開かれた議論を通じてお互いに納得しうる「正しさ」を導き出すことが試みられました。互いの価値観を前提にせず議論の中から「正しさ」を生み出そうとする熟議民主主義の試みは、しかし、互いの「正義」が鋭く対立する場面では上手くいかない問題を抱えます。第2章で見たような現代において深刻化している社会の分断は「開かれた議論」を設定しようとすること自体に「エリート層の正義」の押し付けを見る人々との間にあるものでした。「メキシコとの国境に万里の長城をつくる」、「イスラム教徒の入国を全面的に禁止する」といったトランプの主張は、メキシコ人やイスラム教徒の立場に立って考える想像力を欠いたものですが、その差別的な言説が少なくとも半数近くの支持を得る状況になっているのです。

実際、議論の中から互いに納得できる「正しさ」を生み出そうとする熟議民主主義の試みにおいては、議論を可能にするための最低限の「正しさ」の共有が求められます。例えば、熟議民主主義の代表的な論者のひとりであるイアン・オフリンは、価値観の違う人々の間で開かれた議論をするためには、最低限、相互性（reciprocity）のルールを共有することが必要という議論をしています。[10] 相互性というのは、ごく一般的には「自分がしてほしくないことを相手にするな」[11] というルールといわれますが、熟議の場面においてそれは「自らの主張を正当化する際には、他者も受け入れることができる理由を提示するべきだという規範[12]」とされます。互いに納得できる「理由」を示すことが、開かれた議論をする上での最低限のルールだとオフリンはいうのです。

相手が納得できるような理由を示しながら議論をするというオフリンの条件は「最低限」の要求として妥当なものであるように見えます。しかし、オフリンの議論では、上手く理由は話せないが感覚的なレベルで反発を感じるといった人は開かれた対話の場に参加できません。感情的なことはおいて相手を納得させるような理由を話すこと、つまり、「理性的な話し合い」ができなければ、そもそも議論に参加できないことになるのです。

こうしたオフリンの要求はごくごく「当たり前」のものであって、そうした要件抜きには話し合うことなどできないと思われる方もいらっしゃるでしょう。しかし、現行の社会で起きている「分断」が、まさにそうした理性主義的前提を受け入れない人々との間で発生していることを考える必要があります。トランプ大統領に投票した人々は、公には意見を表明しないまま「エリート」たちが押し付ける「ポリティカル・コレクトネス」に感情的な反発を覚えていたのでした。必ずしも理屈が通っているわけではない「陰謀論」に人々があれほど惹かれるのも、「開かれた場」で発せられる耳障りのない理屈が形式だけ整った虚構に感じられるからだといえるでしょう。そうした人々に対して、きちんと相手を納得させる理由を語れなければ議論に参加できないという条件を示しても、それこそが「エリート道徳」の罠だと感じられるのは仕方がないことであるように思われます。

実際オフリンは、そうした人々が議論の場から排除されることは避けがたいといいます。「民主主義のプロセスから市民、より一般的には市民を代表すると主張する人たちを排除することが常に間違っているわけではないことを指摘しておくことには意味がある」[13]とした上で、「トランプ主義者」のようにポピュリズムの中で人種差別や外国人排斥を訴える人々が対話から排除されることは不可避というのでした。[14]

もちろん、「よりよい社会」を目指す上で人種差別や外国人排斥がなくなる必要があるというのはその通りでしょう。しかし、外国人排斥を声高に訴えることで強い民衆の支持が得られる社会的な状況の中で、そうした態度を採る人々を「民主主義的でない」と排除するならば、社会的な分断は加速する一方といわざるをえません。現状の熟議民主主義の試みは、「熟議」についての同じ価値観を共有する人々だけを対象にし、異なる価値観をもつ人々を排除することにおいて、社会の分断を悪化させるものとなっていると思われるのです。

ゼロ地点ルール

では、そうした最低限の「正しさ」も共有せず「ゼロ」から互いに納得しうる「正しさ」を話し合いの中で生み出していくためには、どうすればいいのでしょうか。共同体の物語がそこから立ち上がるような贈与のゼロ地点を確保し、そこに立ち戻って「意味」を見直すことを可能にする贈与経済2・0においては、物語を相対化する視点があらかじめ確保されていました。そうした環境では「価値観の違い」の調停もこれまでとはまったく異なるかたちで行うことができるようになります。

例えば、対話をするにあたって「自分の価値観の前提を取り外した発言がより強い説得力をもつ」というルールを設定するといった方法が考えられます。そこではもはや、相手を納得させられる普遍的な理由を提示する必要はありません。自分の価値観が前提としている事柄に向かい合い、そうした前提をひとつひとつ外していくことによってその発言にどんどん重みが与えられるという条件で調停を行うことにするわけです。より強い理由で相手を納得させるのを競うのではなく、自分の「正しさ」の根拠を十分に疑えた方が勝ちというルールで対話できれば、ゼロから互いに納得できる「正しさ」を生み出すことができると考えられます。これを「ゼロ地点ルール」という名前で呼ぶことにします。

具体的に考えてみましょう。開かれた議論を要求する熟議民主主義者Aとそれに反発するトランプ主義者Bがゼロ地点ルールの下で対話する状況を考えてみたいと思います。トランプ主義者Bが不特定多数の人々が閲覧できるメディアに人種差別的な発言をし、リベラルな立場を採るAがこれを強く非難するといった場面を考えます。

現行の社会ではBがAの非難に屈しない場合、Bの発言の削除とアカウントの停止がメディアの運営に求められ、運営側がそれを実行するというかたちで展開されることになるように思われます。Aの主張する「正義」が少なくとも表向きは社会に認められるというかたちで決着がつくわけです。しかし、Bはそうした一連の流れを「言論の封殺」あるいは「表現の自由」の侵害と考え、メディアの対応やポリティカル・コレクトネスに支配された世間の「正義」のあり方に強い不満を覚えることになります。やがて、人種差別的な発言も容認されるような「自由」なメディアが立ち上げられ、同じ考えをもつ人々の間で不満を共有しながら、よりラディカルな立場を採るようになっていくことが予想されるのです。

　では、ゼロ地点ルールは、こうした異なる価値観の間の争いをどのように調停できるのでしょうか。ゼロ地点ルールの下で争われる場合、まずAがリベラルな立場に基づいてBを非難することがまず悪手となります。Aの主張が実際に「正しい」ものかどうかはここでは問題にはなりません。ゼロ地点ルールでは「正しさ」が争われるわけではないからです。むしろ、Bが共有していない「正しさ」を前提に非難を加えることは、このルールの下ではマイナス点を計上することになるでしょう。Aにとってそうすることがいかに「正しい」ことだと思われたとしても、納得しない相手に「より強い理由」を押し付けるだけでは対話にはならないと考えられます。「正義」を共有しない人々を排除せず、異なる価値観をもつ人々が対話に参加できる状況を整えなくてはなりません。

　では、Aはどうすべきなのか。Aの「正しさ」を主張する代わりにBの行動の前提を問い直すようBに要求するというのが、ゼロ地点ルールにおける一般的な議論の手法になるかと思われます。「あなたは偏った見方に基づいて差別的な発言をしているが、それは妥当なことでしょうか」と問えば、Aの価値観の前提を表に出すことなく対話を進めることができることになります。

これに対してBが「いや、私の考えは偏った見方ではない」と答えればしめたものです。後は落ち着いてその言明の「偏り」を客観的に示すだけで、Bにマイナス点をつけることができます。

Bがなすべきだったのは、自分の考え方が仲間内の承認を超えてAにも適用できるものかを実際に考えてみることでした。自分の価値観の前提を疑うことは困難な作業なので、この段階ですぐにBが自分の「偏り」を認めることは難しいかもしれません。それでもBは「私の偏りについては検討してみるが、Aには偏りはないのか」と切り返すことはできるでしょう。そうするとAの方もまた自分の偏りの検証を求められることになります。具体的にAの偏りの根拠を示すこともできるかもしれません。

つまり、ゼロ地点ルールの対話では、仮に実際に互いの立場の偏りが修正されるような「プラス」のポイントを入れることが困難であっても、互いに相手に自分の立場について振り返って考えることを要求しながら、相手の失点を得るというやり方で調停することができるのでした。こうすることで、深刻な対立を一気に解消しなくても問題の調停を行えます。自分の価値観の前提をすぐには変えられなくても、互いに相手にそれを求める中でゼロ地点へ至る方向性を確保しつつ、得られたポイントの総計で調停をすることができるのです。こうしてゼロ地点ルールを適用して点数が大きい方が勝つというシンプルな基準によって、異なる価値観の間で調停をすることが可能となります。

もちろん望ましいのは、互いに「プラス」のポイントを獲得していって実際にゼロ地点に立ち返り、そこから互いに納得して共有できる「正しさ」を導き出すことでしょう。そうすることができれば、実際に対立を解消していくこともできます。自分の価値観の前提を互いに疑い合うことで議論が進められれば、より生産的な対話をすることも望めるわけです。現行の対立の深刻さを考えると考えにくいことではありますが、ゼロ地点ルールに基づくAの問題提起に対して、Bが「本当にそうだろうか」と自問することができれば、そこから互いに納得できる結論を導き出すこともできるかもしれません。

というのも、この方法を採ることによって、相手の「正しさ」を押し付けられる危険を感じずに対話できるからです。BがAに対してこれまで抱えてきた「正しさ」の押し付けに対する感情的な反発がなくなることで、意固地な対立が解消される可能性を聞くことができるでしょう。対話において感情的反発は、無理やり抑え込まれるべきものではなく、話し合いの中でその原因を解消すべきものだと考えられます。「正しさ」の押し付けがなくなることで、現代の私たちの社会が抱える深刻な分断を乗り越える可能性が見出されるのです。

ゼロ地点ルールを採るもうひとつの大きなメリットは、対話に参加する条件をまったく平等にできるという点です。より「正しい」ことを競わないわけですから、対話の条件はみな同じです。それぞれが自分の立場を検証することにおいて外的な条件に依存する要素をなくすことができると考えられます。

もちろん、自分の価値観を相対化することに得意/不得意はありうるでしょう。自分の「正しさ」を信じ切っている人はそれを疑うことに困難を覚えるかもしれません。しかし、そうした困難は各人の能力の差異というよりも他者に対する態度の問題といえるかと思われます。生まれ落ちた環境に応じて、自分の価値観を疑うことが生得的に難しいという人がいれば、その格差を是正するような方策が必要になると思います。しかし、他者のいうことに耳を傾けることは誰にでもできることだと思われます。ゼロ地点に立ち返るということは自分で身につけた価値観を振り返るということなので、その点ですべての人々は「平等」ということができるのです。

贈与経済2・0全体における価値観の違いは、こうして、特定の「正しさ」を共有することなく、ゼロ地点ルールを適用することによって調停できることになります。[15]

「利用規約」を民主化する

それでも、そうした方法で調停することを参加者にあらかじめ了解してもらう必要はあるでしょう。その意味においては、新経済に参加する人々全員にあらかじめコミットしてもらう「利用規約」のようなものが必要であることになります。しかしその場合には、「プラットフォームの権力」のようなものが発生しないように注意する必要があると思われます。新経済全体で特定の「正しさ」を設定することを回避できたとしても、プラットフォームの運営において「中央」と「周縁」の差異が発生するようであれば問題は残ります。それゆえ、「利用規約」の設定においても、プラットフォームの運営主体が恣意的に改変できるものではなく、反対に運営主体がもちうる権力を排除するものにしなければならないと考えられます。

実際、現在の私たちの社会では、ひとつの企業がプラットフォームとして生活に欠かせないインフラの機能を担う位置を確保した上で最初にそれが提示されていたならば使わなかっただろう規約を、事後的に改変することがしばしば起こります。それが利用者にとって不利なものであっても、デファクト・スタンダードとなったサービスが他の選択肢を潰した後であれば、不本意ながら同意せざるをえないという状況を作ることが企業運営の

「手法」のひとつとして確立しているのです。その際「同意できない場合にはただちに使用をやめてください」などと高飛車な文言とともに利用者の「自由」が示唆されることもありますが、形式上与えられるだけの「選択の自由」は、かえってプラットフォーム企業の権力を浮き上がらせるものになっているということができるでしょう。

そうしたプラットフォーム企業の行いは、現行の法律では問題なしとされていることではありますが、それはやはりインフラを担う立場にある者として採るべき行動ではないと考えられます。少なくとも望ましい贈与経済2・0を実現するためには、その問題は解決しなければならないことだと思われます。

そのためには、「利用規約」の改定を利用者の合意に委ねることを利用規約自体に書き込む必要があるでしょう。憲法の改正に国民投票が必要とされるように、生活のインフラとなるようなプラットフォームの利用規約もまた、利用者の合意を得て設定できるものにする必要があります。現在、新経済を実装することを目的とするプロジェクトでは、誰でも参加できるDiscord上のチャンネルでその内容を議論していますが[16]、贈与経済2・0の規模が拡大したときに参加者の意志を反映できるような仕組みを整備する必要はあるでしょう。そのための仕組みについても様々な可能性が議論されていますが[17]、詳細については議論のチャンネルを参照いただければ幸いです。

多くの方々の参加をお待ちしています

いずれにせよ、議論は開かれています。繰り返してきたように贈与経済2・0に参加するために何らかの「正しさ」を共有する必要はありません。これまで述べてきたような新経済の仕様についても、根本からの見直しを求めるようなご批判をいただけるなら、それは非常にありがたいことだと思います。ハートランド・プロジェクトの中身やプラットフォームの運営も含めて、互いにゼロ地点に立ち返りながら議論していくことが未来の社会を作るための基礎になると思われます。未来の社会のあり方をゼロベースで議論できるような場が実現されるのであれば、現行のプロジェクトとは異なる試みが社会実装されてもまったく問題はないのではないかと考えます（もちろん、すでにその枠組みで「贈与」いただいている方の貢献がきちんと社会的に評価されるように筆者個人が引き受けなければならない責任はあると思いますが）。現行のプロジェクトは単にひとつの叩き台の役割を演じられるだけで十分で、その枠組みが特権化される理由はないでしょう。「新しい経済」の仕組みを批判的に検討することは、単にひとつのプロジェクトの成否の中で意味づけられるものではなく、いまの社会の枠組みをゼロベースで考え直すことにほかなりません。他人のはじめたプロジェクトに参加する義理はないと思われる向きもあろうかと思いますが、いまの私たちの社会に必要なのは「理念」の優劣を競うことではないでしょう。まだ到来していない未来の社会に向けてゼロベースで議論をする場を作るためにもし提案者の存在が邪魔になるようならば、ぜひ忘れていただければと思います。実際、本書で提案されたことは、近代以降、実に様々な人々がその人生を賭けて積み上げてきた探究の成果の上にあるもので、何の「オリジナリティ」もないといえます。ぜひ多くの方々に議論に参加いただき、分断が深刻化していく状況の中でともに未来の社会を作っていければと思います。

本書がそのための一歩となることを心から願います。

おわりに

議論に参加してくださるみなさんを主体として「新しい経済」を作りたいと考えている身としては、できれば筆者は死んだ者として扱ってほしいのですが、「隠れようとしても、そこに足が見えている」ということなのでしょう。翔泳社編集の渡邊さんから、読者は筆者がどんな人物か気になると思うので「おわりに」ではぜひ個人的なエピソードを書いてくれといわれました。筆者としては気が乗らないことではあるのですが、以下、この本を書くに至った経緯について書かせていただきたいと思います。いつも「おわりに」から読まれる健全な読者諸氏におかれましては、いきなりはじまる「自分語り」にびっくりされることになるかと思います。今回ばかりはどうぞいつものやり方を枉げて「はじめに」からお読みいただければ幸いです。

2013年にせりか書房から『「経済」の哲学：ナルシスの危機を越えて』を出したときに筆者は「もう死のう」と思っていました。いま振り返ってみると全然大したことは書けていないのですが、筆者としては「新しい社会」のあり方を非常に苦しみながら書き切った気がしていました。何より私的な環境で疲れ果てていたこともあり「後のことは後の人に任せるのがいい」という気持ちでした。「副題」の「ナルシスの危機」という言葉を、本の中では内在的な論理で発展する資本主義経済の危機を示すものとして使っていました。しかし、それはまったくもって筆者自身の危機でもあったわけです。考えてみれば当たり前ですが、筆者もまた資本主義経済の中で生活しているわけで、多かれ少なかれその論理を内面化しています。資本主義経済の論理を掘り返す作業はすべて自分自身が無意識のうちに拠っていた基盤を切り崩すものでもあったわけです。私的な領域でもそれを鏡にしたような危機に陥っていて、最初せりか書房編集の船橋さんに提案した副題が「ナルシスは疲れた」だったほどです。そのころにはもう十分な判断力が機能していませんでした。今でもよく覚えていますが、疲れ果てながら半分ぐらいまで書いた段階で風呂場で本論の最後の文章だけが降りてきて、なぜか泣きながら「そこで結ぶまでは死ねない」と思いました。実際には最後の一文に至るまでの道がやたら険しく、その後延々と苦しむことになったのですが、書いている間は「終わったら死ねる」ということを希望のように感じていたのでした。まぁつまり、疲れていたのです。

それでようやく本を出すことができ、晴れて「死のう」と思ったわけですが、自殺というのもどうも芸がありません。人は別に芸のために死ぬわけではないと思いますが、それでも能動的に死へと向かうことと自殺のための手段を整えることの間には大きなギャップがあるような気がしました。少なくとも誠実さを保ちながら自殺をすることは、筆者には不可能であるように思われたのでした。そんなわけで、どんな議論のねじ曲がり方をしたのかいまになってはよくわかりませんが、友人の中野裕考と話している中で「踊ればいいじゃん」という結論が得られたのだと思います。

身体の哲学に関心をもっていたこともあり学生時代からコンテンポラリーダンスのワークショップなどに行ってはいました。しかし、筆者自身が踊ることはそれまでまったく考えていませんでした。「身体性の研究」はしていたものの不自由な自分の身体を他者に晒すことに何の意味もないと考えていたのです。しかし、舞台上で「死ぬ」ということができれば、単に勝手に自分の身体の生命機能を停止させるということ以上に、他者との関係において能動的に「死ぬ」ということができるように思われました。こういってもすぐに伝わらないとは思いますが、そのとき答えを見つけたと思ったのです。

「死ぬ」というのは、そこでは社会関係上の「死」を意味します。多少回りくどい話になりますのでこの段は飛ばされても構いませんが、私たちが「生」といっているものは、生物学上の「生」であるよりもむしろ、社会関係上の「生」を指していると考えられます。生物学上の「生」を定義するのはそれなりに難しくて、活動停止をしていても生きていることもあるため、生物学上の「生」は私たちが「死」と呼んでいるものと重なり合っている部分も多いと思われます。遺伝子の複製という観点から「生」を捉えれば、ひとつの個体の活動停止はもしかしたら爪を切るようなものにすぎないかもしれません。実際に私たちが「生」と呼んでいるのは、多分に社会関係の中で物語られる「個体」のことで、生物学上の「生」とは位相を異にしています。その意味で、舞台上で「死ぬ」ということを、社会関係の中で位置づけられる存在を抹殺することと位置づけることができるのです。

ともあれ実際、筆者が「死ぬこと」に求めていたのは、まさに社会関係上の存在を抹消することでした。生まれてからこの方、現在に至るまで担ってきた一連の物語をここで解体したいと思ったのです。そのために「踊ること」は非常に有効な方法と思われました。この不完全で人前に出すことが憚られるような身体こそ一連の物語の結果なのであり、これを舞台上で解体することは、単に当人にとってだけでなく観る側にも意味をもちうるように思われました。身体の隅々にまで染み込んだ社会的なコードを無化すること（つまりはゼロ地点に立ち返ること）を、他者と共有できるのではないかと考えたのです。

そうして中野をプロデューサーとして筆者を踊らせるプロジェクトが始動しました。ただ、そうした過程自体が「踊り」となり他の人々も「踊りたい」と思えるような状況が実現するのではないかということで、中野を含めた別の人々による2つのプロジェクトを加え、様々なプロジェクトを生み出す集団プロジェクト「リトルネロ・ファクトリー」が立ち上がったのでした。2014年3月のことです。立ち上げのイベントを興したときには「生前葬」のごとくこれまで関係してきた人々に声がけし、また一般向けのチラシも作りました。本当に様々な人に参加いただきましたが、飛び込みでやってきた西宮かおりや井関大介にはじめて会ったのはあのときだったと思います。いまさらではありますが、あんなわけのわからない呼びかけに応えてくれた方々にこの場を借りて感謝申し上げます。おかげさまで、まだ生きています。リトルネロ・ファクトリーはその後NPOになって、いろんな人とのつながりを生み出し、高円寺を主な拠点とする地域活動団体になっていきました（本書でご紹介したハートランド・プロジェクトの始動と連動してリトルネロの方は2022年に解体しました）が「踊ること」は続けてやっています。驚いたことに「死ぬこと」を舞台上で観客に伝達することは実際に成功して、評価してくださる人も出てきてくれています。半年に一度ぐらいは人前で踊っておりますので、機会がありましたらご笑覧ください。

ハートランドの実践は、筆者が専門の哲学研究の領域において「業績」とカウントされるようなものではなく、かえって「あいつは可怪《おか》しくなった」と蔑まれうるようなものかと思われます。「哲学は実践を伴わなければならない」というのが従前からの筆者の信条ですが、それでも「実践」の中身は問われうるでしょう。しかし、「ゼロ地点」に立ち返ることではじめて可能になることは殊のほか多かったように思われます。学問上の前提を外すこと（「理性」の機能を相対化するようなポストモダニズムのような哲学でさえ、何と前提の多いことでしょう）、何の政治的な地盤もないところからはじめること（従来の政治運動では「物語」の共有が柵となる場面もあったと思います）、カリスマの主導によって特定のかたちに鋳られた欲望ではなく、人々の移ろいやすい欲望をそのまま「新しい経済」の基礎にすえること（本論で述べたように「カリスマの不在」がこのプロジェクトの成立要件になっていると思われます）などについては、筆者がはじめから「死んだ者」として関われたことが有利に働いたのではないかと思っています。冒頭に申し上げましたように、できれば筆者を「死んだ者」として扱っていただいて、参加してくださるみなさんを主体に「新しい経済」を作っていくことが、非常に重要なことだと思う次第です。

「なお足が見えている」と思われることもあるかもしれませんが、筆者としても、もっと上手く「死ねる」ように頑張ります。このプロジェクトが今後どのように進んでいくのか、まだまだわかりません。筆者としてはしかし、死に続けることが世界に対する贈与となるような生き方ができればと考えています。

この本ができるまでにはたくさんの方々のお力添えがありました。東洋経済オンライン記事では無理をいって斎藤幸平さんにお付き合いをお願いしました。その編集の段階では東洋経済の桑原哲也さんや笠間勝久さんだけでなく、フリーライターの梅原進吾さんにも大きな貢献をいただきました。記して感謝申し上げます。

「新しい経済を実装するための新しい経済」に参加いただいている代麻理子さんのご紹介で高円寺での地域活動もされている翔泳社の渡邊康治さんと一緒に作業できたのは幸運でした。本を出すという作業自体を異なる経済の中で進められたようにも思います。

ここでは本の制作に関わるところに留めますが、ほかにも感謝を捧げるべき方々のお顔が次々に思い浮かびます。そうした方々にはまた機会をあらためて、願わくば「新しい経済」が実装され「ハート」を送ることで感謝をお伝えできればと思います。

どうもありがとうございました。

２０２４年2月

ひとつの希望とともに

筆者

注

第1章

1 桜井英治『贈与の歴史学：儀礼と経済のあいだ』（中公新書、2011）

2 例えば、川北稔『イギリス近代史講義』（講談社現代新書、2010）、55頁以下

3 第2次世界大戦時に発見されたアダム・スミスの『法学講義』Aノートについての研究が進むことでスミスの経済学が道徳哲学を含む法哲学の一部として構想されていたことが明らかになった。Cf. 田中正司『アダム・スミスの自然法学』（御茶の水書房、2003）

4 Adam Smith, *The Theory of Moral Sentiments*, edited by D. D. Raphael and A. L. Macfie. Clarendon Press, Oxford, 1976, IV. 1.8

5 拙著『資本主義に出口はあるか』、（講談社新書、2019）、45頁以下

6 1990年代以降顕著になっている労働運動の衰退の中で、忙しすぎて政治にコミットできない世代が19世紀の自由主義者が想定していた労働者の立ち位置を進んで引き受ける状況になっていることは、目を背けられない事実であるように思われます。現代の私たちは、ルソー主義から距離を取るあまり、政治参加せず目の前の仕事にのみ注力する「平等」に甘んじることを選んでいるように思われるのです。

第2章

1 丸山眞男は、第2次世界大戦直後に発表された「超国家主義の論理と心理」において日本のファシズムの原因を十分に近代化が果たされなかったことに求めました。そうして「戦後」に目指すべき社会像をいち早く提示することによって丸山は「戦後民主主義」を代表する知識人のひとりとなったわけですが、その神話化されたファシズム分析は、戦後という特定の時代の政治的な意味をもったものと考えるべきで、歴史認識として客観的なものとはいえないように思われます。

2 本書、63頁以下参照

3 丸山眞男は、その後「近代化」をひとつのものと見ることをあらため、複数の「近代化」があることを認めました。「『日本政治思想史研究』を書いた当時には、The「近代化」を基準にしてどこまで近代化しているかを考えていました。〔中略〕複数の「近代化」があり、その比較が問題なのだという考え

は当時はなかったのです」(『丸山眞男集16』(1996，岩波書店)54頁、遠山敦『丸山眞男：理念への信』(講談社、2010、21頁参照))。ただ、そこで「近代化」は国ごとに異なるとされるだけで、どのように異なるかは語られていません。

4 ハーバーマスは『公共性の構造転換：市民社会の一カテゴリーについての探求』(未来社、1994)において、市民がコーヒーハウスに集い、新聞メディアへの投票によってパブリック・オピニオンを語り合うような公共空間が、いつの間にか消費社会的な「公共性」へと変わったことを示しました。その上でハーバーマスは、私たちの「生活世界」が資本主義経済によって「植民地化」されている状況を乗り越えるために、かつて存在したはずの公共空間を再構築しようとしたのでした。しかし、そうしたアプローチは、なお2つの「近代化」の本質における差異を見逃しているように思われます。Cf. 拙著『資本主義に出口はあるか』(講談社現代新書、2019)、193頁以下

5 前掲拙著、第3章を参照

6 詳細については前掲拙著、第2章、第3章を参照いただければと思います。

7 先に見たように丸山眞男は「超国家主義の論理と心理」において、日本のファシズムの原因を不十分な「近代化」に求めていましたが、そこで挙げられていたファシズムの特徴は一般意志の強要でした。それは、村社会的な意識が近代化に抗して残り続けていたものというよりも、資本主義経済を乗り越えるものとして積極的に「再評価」されたものだったと考えるべきであると思われます。

8 Cf. ワシーリー・モロジャコフ「ソ連と三国軍事同盟」『平成22年度戦争史研究国際フォーラム報告書』(防衛研究所、2010)、三宅正樹『スターリン、ヒトラーと日ソ独伊連合構想』(朝日新聞出版、2007)等

9 この点について詳しくは前掲拙著、159頁以下を参照ください。

10 セオドア・ルーズベルトとウィルソンが、同時代においてアメリカにおけるモンロー主義の位置づけについて対立していた点を考えると、ルーズベルトのモンロー主義の拡張とウィルソンのモンロー主義の拡張を無媒介につなげることはできないと考えられるかもしれません。しかし、両者はアメリカにおいて表／裏の関係にある理想主義と現実主義を担っており、表と裏の両方があってはじめて成立するものになっていると思われます。ジョン・アイケンベリーほか『アメリカによる民主主義の推進：なぜその理念にこだわるのか』(ミネルヴァ書房、2006)に示されているように、理想主義の立場を採ったことでしばしばア

メリカ国内で強い批判にさらされたウィルソンでさえ、国際警察力を発揮するのに躊躇しなかったのでした（前掲書、7頁）。

11 正確にいえば、1948年に採択された国連人権宣言は社会権については極めて抽象的な表現に留まり、1966年の国際人権規約（A規約）において具体的な規定内容が示されました。

12 今日の私たちが直面している問題の根はおそらく、戦後民主主義が本質的に抱えている矛盾がある種の「神話」の中で隠蔽されていることにあるようにも思われます。ルソー主義的な民主主義を「未完の近代」として追い求め、福祉社会を実現しようとする運動は、資本主義経済と同居しうる条件を看過することで、手のつけられない理想主義に陥っているように思われます。みなが「平等」に生きられる社会を実現することは確かに魅力的な理想ではありますが、その「正義」の強要が全体主義を生み出してきた歴史を鑑みれば、資本主義経済の中で運動が制限されていること自体がその運動の存続条件になっているようにも思われます。

13 J・P・ステルバは、異なる理念をもつ4つの正義論の理論上の対立を解消するような具体的な実践場面を示しました（J. P. Sterba, "Recent Work on Alternative Conceptions of Justice", *American Philosophical Quarterly* vol. 23., pp.1-22, 1986、川本隆史「現代正義論の構図：ロールズ批判を基軸として」『社会科学討究』第33巻第1号（早稲田大学アジア太平洋研究センター、1987）参照）。本書で関係する点でいえば、私的所有権を擁護し国家による再分配を行うリバタリアニズムと福祉国家型のリベラリズムは、理論の上では明確に対立するが、貧富の差というアクチュアルな問題を考えるならば、リバタリアニズムの前提を崩さずにそこから福祉権を引き出すことは可能だという点が重要なところかと思われます。ステルバによれば、貧者が社会権を手放せば死んでしまうが、富者が私的所有権を一部制限されても大きな弊害はないため、「道徳的な観点」を考えればリバタリアニズムにおいても富者の権利が一部制限されることは同意されるはずだというのでした（*op. cit.*, p.3）。しかし、そうしたステルバの議論は特定の「道徳」をなお前提にしているものであるように思われます。本書でみたように、資本主義経済に固有の「道徳」が機能しており、それによれば市場競争の結果を歪めることは「フェア」ではないと考えられるのでした。1980年代以降のネオリベラリズムの台頭において貧富の格差が拡大している現状を考えれば、ステルバの見通しは楽観的に過ぎるといわざるをえないと思われます。

14 Cf. Paul Tsongas, *The Road from here: Liberalism and Realities in 1980s*, A. A. Knopf, 1981、ほか前掲拙著、19

２頁以下参照

15 斎藤幸平『人新世の「資本論」』（集英社新書、２０２０）、71頁以下参照

16 前掲拙著、２２０頁以下参照

17 前掲拙著、２２６頁以下参照

第3章

1 例えば、アラン・カイエを中心としたＭＡＵＳＳ（Mouvement Anti-Utilitariste dans les Sciences Sociales）はモースの贈与論の現代的可能性を引き出す試みを続けています。また、モーリス・ゴドリエに代表されるような「経済人類学」の分野でも同様に贈与の現代的な可能性が検討されています。

2 Marcel Mauss, *Sociologie et Anthropologie*, précédé d'une introduction par Claude Lévi-Strauss, PUF, 1950, PP 158f.／M・モース『贈与論』（岩波書店、2,014）、93頁以下

3 *op. cit*, p.160／97頁

4 以下の議論は、レヴィ＝ストロース、E・リーチの研究を批判的に検討したジョナサン・フリードマンに準拠しています（Jonathan Friedman, "Dynamique et transformations du système tribal : l'exemple des Katchin", *L'Homme*, Vol. 15, No.1, 1975, pp. 63-98／「部族システムの動態と変換：カチン族の事例」『マルクス主義と経済人類学』柘植書房、１９８０）。

5 Cf. 桜井英治『贈与の歴史学：儀礼と経済のあいだ』（中公新書、２０１１）、15頁以下

6 「贈与は、すでに象徴である。象徴が契約を求め、贈与がまずもってシニフィアンである限りにおいて贈与は象徴なのだ。そのシニフィアンは契約のシニフィアンなのだが、契約はそれらのシニフィアンによってシニフィエとして構成されるのである」（J. Lacan, *Écrits*, Seuil, 1966, p. 272）。この引用だけでは贈与が特定の「契約」を前提にしているようにも解釈可能ですが、別なところでラカンは構造を前提にしない贈与こそが贈与の本質であるといっています。「社会学的考察が確証しているように、贈与とは循環するものであり、あなたがする贈与は常にあなたがかつて受け取った贈与です。しかし、二人の主体の間の贈与が問題になる場合には、循環は別なところからやってきます。というのも、愛の関係を打ち立てることは、いうなれば、贈与が無償で〔無に対して〕与えられることだからです。〔中略〕愛の贈与においては、何かが無償で与えられ、その与えら

れるものもまた無にほかなりません」(J. Lacan, *Le Séminaire IV*, Seuil, 1994／ラカン『対象関係（上）』（岩波書店、２００６）, p.140/178)。与えられるものが「無」であるといわれるのは、それによって特定の構造の中での「意味」には還元されないものが指し示されているからだと考えられます。「無」が与えられることで、既存の構造を解体して新しく組み直すような力が働くことになるのです。「象徴的な秩序をあらかじめ無化し、廃止する行為によって構成されないようなものは決して贈与たりえません」(*op. cit.*, p. 182/233)。贈与とは、既存の構造を前提にするものである前に、新しい関係を生み出す力として位置づけられるべきだとラカンはいっています。

7　意味をもたないシニフィアンの連鎖の中で「シニフィカシオン」が蓄積し、新しい共同体が立ち上がる見事な例としてラシーヌの『アタリー』についてのラカンの分析があります。Cf. 拙著『ラカンの精神分析：哲学の実践としての精神分析』（講談社選書メチエ、２０１８）、85頁以下参照

8　贈与が「無」を与える限りにおいて「無償」のものであるといわれる論点は、ジャック・デリダの「純粋贈与」の議論とつながります。デリダは１９９１年の『時間を与える』で、「不可能なもの」としての贈与について語っていました。「時間が遍き、時間が至るところで一般的な経験を支配し条件づけ、円環としての時間による支配が普遍化しているため、贈与は不可能である。贈与が可能になるのは、贈与が存在しうるのは、円環が壊される瞬間においてなのだ」(J. Derrida, *Donner le temps*, Galilée, 1991, p.21) といいながら、「円環としての時間」の外にある贈与が「痕跡」として機能する可能性を示したのでした。次章で本書が提案する「意味」の外側で出来事としての贈与を記録する方法は、デリダが理論的に示した事柄を社会実装するものと考えることもできるかもしれません。出来事としての贈与の記録は、その「意味」が汲み取られるや否や特定の関係に回収されて「理解」されますが、「意味」へと結実する手前の「純粋な贈与」の状態は新しい「意味」に開かれたまま残されるものになっているからです。「生」が意味づけられた時間の中で成立するものだとすれば、異なる意味づけを跨いで存続する贈与の記録は「生き残り(survivance)」(*op. cit.*, p. 132) をしるしづけるものにもなるでしょう。

　もちろん本書が提案する「新しい贈与経済」は、贈与のインセンティブを新しく設定するものですので、そこに明確に「見返り」が期待されているではないかと思われる方もいらっしゃるとは思います。出来事としての贈与それ自体が「意味」から離れていたとしても、関係を求める力を発生させることが

目的とされているのであれば、「円環としての時間」に還元されなくてもそこに欲望が働いていることは確かではないかというわけです。しかし、他者との間に構築しうる「意味」を求める力を欲望することをすでに確立した「円環としての時間」での「見返り」と同一視することはできないと思います。理論上の「純粋性」を頑なに守るために関係を求める人々の欲望まで否定して何もいえなくなるよりも、人々の欲望を「来るべきもの」へと構造化する道筋を考えることが必要なのではないでしょうか。

第4章

1　デリダの純粋贈与について、前章の注を参照いただければと思います。デリダが「時間の円環」と呼んだものが「意味」の連関のネットワークにあたると考えられます。

2　出来事としての贈与を「日付」をつけてブロックチェーン上に記録するという戦略は、「日付」を巡るデリダの議論に接続できます。デリダはツェランの詩に用いられる「日付」について、それが反復不可能な一回的な出来事を印付けると同時に、詩の中に何度も反復されるものでもあることを論じていました（J. Derrida, *Schibboleth: pour Paul Celan*, Galilée, 1986）。それはまさに本書で提案された出来事としての贈与の記録の特徴を示すものということができるでしょう。日付を付され一回性をもつ出来事は様々な解釈に開かれ、その都度新しい「意味」を見出しうるものでありながら「痕跡」として残り続けるものということができます。

3　現状でもＡＩによって生成されたもののメタデータにタグをつけて「フェイク」かどうかの判定をすることはできます。が、メタデータ自体が容易に改ざん可能な状態になっているので効果は限定的です。しかし例えば、メタデータをブロックチェーン上に記録するなどの方法を採れれば、生成ＡＩ時代におけるデータの「真正性」を確保することができるでしょう。

4　厳密にいえば、法定通貨に換算しても限りなくゼロに近いものになるというべきものになります。ハート・トークンは、ＥＲＣ20というイーサリアム上の規格に準拠しつつ、ポリゴン・ネットワークというパブリック・ブロックチェーン上で発行されるものになっています。ハート・トークンは「お金」ではないのですが、ＥＲＣ20の仕組みをご存知の方はお分かりのように、規格の仕様上、イーサリアムやポリゴンなどのパブリック・チェーンで現在発展しているDefiと呼ばれる「分散型金融」の中で「お金」との交換レートを勝手につけられてしまうものでもあるのでした。

現行なされている分散型金融の枠組みでは、プログラムさえ書けば誰でもトークンを発行できることもあって、トークンの稀少性を高めたり、インフルエンサーの力で熱狂を生み出すなどして購買欲を煽り、トークンの値段を釣り上げていく詐欺まがいの出来事が多発しています。トークン自体は単なるチケットのようなものなのですが、たくさんの人々に「ほしい!」と思わせる仕掛けを導入することで、その値段を釣り上げていくことができるのでした。ハート・トークンの「需要」をなくすためには、この逆をやればいいということになります。贈与経済2・0では参加してくれる方に、毎日ずっと一定量のハート・トークンを無料で提供しつづける設計になっているのですが、ひとりの人が1日にもらえる量は限られているものの、全体としてはトークンの量は増え続けることになるので「稀少性」は発生しません。人によってハート・トークンをもっている量に差は出てくるでしょうが、トークンの総量は増える一方なので、巡り巡って保有するトークンの量は増えていくことになるわけです。つまり、ハート・トークンは「インフレ」し続けるものになるわけですね。そうするとハート・トークンを値上がり目的で買うという人は基本的にはいなくなります。インフレし続けることがはじめからわかっているものなので、保有する期間が長ければ長いほど、価値が目減りしていくものになるのでした。こうしてまず、投機目的でハート・トークンを買おうという人を排除することができるようになります。

他方で、特定の人が自分のハート・トークンを増やすためにハート・トークンを買うということもあるかもしれません。「深い感謝」を示すために手元のトークンを使い切ってしまった場合、あるいは繰り返したくさんの人に「深い感謝」を示すために、「ベーシック・インカム」が入る前にお金を払ってハート・トークンを買うというようなこともあるかもしれません。一方でハート・トークンが余っている人がいて、他方にお金を払ってでも買いたい人がいれば、取引は成立するように思われます。

実際、そうした「リアル・マネートレード」のようなマーケットが発生する可能性はなくはないとは思いますが、しかし、それらの売買履歴についてもウォレットに記録されるので、あまりにもあからさまなやり方だと社会的信頼を構築するという目的にマイナスに働くように思われます。そのことの「意味」をどのように解釈するかは開かれていますが、そうした取引が一般化する危険は少ないように思われます。ドルと円を交換する為替トレードをイメージしていただくとよいのですが、通常のトレードでは交換をする機関がドルや円の資金をある程度十分に確保することで円滑な取引が可能になります。ドルをほしがる人が増えてすぐにドルがなくなってしまうような資金状態だと市場のドル円レートとは別にその機関のドル在庫が価格に影響することになってしまうからです。なので、法律上の規制もありますが、実際の業務を円滑に回すためにも十分な資金をもっていないと為替交換を生業にすることはできないわけです。

5　先に見たように、ハート・トークンは基本的に一方的に供給量を増やし続けることによって投機目的での売買を遠ざけようとするわけですが、インフレ率があまりに高すぎるとそれはそれで混乱を引き起こす可能性があります。かつてのリフレ派の文言のようではありますが「ゆるやかなインフレ」であればよいものの、あまりインフレ率が高すぎると、ひと月前までは１００ハートぐらいがちょうどいい率だったのに今月は２００、来月は３００といった具合にハート・トークンを返す量の目安みたいなものがよくわからない状態になりうるかもしれません。お金に換算されるものではないので、それでシステム全体が不安定になるということはないのですが、それでも利用者の利便性は落ちてしまうでしょう。

そのため、ハートランドのプロジェクトでは、ハート・トークンが送られるたびに一定の割合のトークンが発行元に戻される仕組みを導入しています。その割合はみなで議論をした上で調整可能なのですが、例えば５％に設定したとすると、１０００ハート送ったうちの50ハートが発行元に戻されることになります。ハートを送る側は１０００ハートを送るのですが、受け取る側には９５０ハートが来て、50ハートは発行元に回収されることになるわけです。1日あたりの「ベーシック・インカム」が１０００ハートで、返還率が５％の場合、額面で１０００ハートの取引が贈与経済２・０全体で20回行われるとひとり分のベーシック・インカムが発行元に回収されるという計算です。ハート・トークンの「流通速度」はブロックチェーン上のデータを解析すればすぐに出てくるので、贈与経済２・０の中でどのぐらいハート・トークンがやり取りされているのかを眺めながら返還率を調整すれば（あるいは自動で制御するようにすれば）、期待するインフレ率をピタリと実現することができることになります。現行の資本主義経済の金融政策においては非常に苦労する「インフレ率調整」ですが、すべてがブロックチェーン上に記録されるトークンであれば、まったく技術的に解決することができるのです（といっても、ここでいわれている「返還率」とは、つまり、現行の資本主義経済においては「消費税率」にあたるものになるので、その上げ下げを自在にできないから苦労もあるわけですが。その点はハート・トークンが「お金」ではないことが効いているわけですね）。

こうして、贈与経済２・０における「インフレ率」は、自由に設定可能で利用者の利便性を損ねないよう「ゆるやかにインフレさせる」ことができることになります。

6　スタンレー・ミルグラム「小さな世界問題」『リーディングス：ネットワーク論』（勁草書房、２００６）

7　東浩紀は『観光客の哲学』において「訪問権」をもつ人々の実際の行き来によってボトムアップ的に「永遠平和」が実現する世界を眺望しています（東浩紀『観光客の哲学 増補版』（ゲンロン、2023）106頁）。国民国家を縦断する「マルチチュード」として「観光客」を捉える視点は非常に興味深いものの、少なくとも現状において「動物」としての「観光客」の「普遍性」が資本主義経済の「道徳」の二元性によって担保されている点については看過されているように思われます。少なくとも現行の枠組みにおける「観光」は「ならずもの国家」に対する「訪問権」が阻害される中で成立していて（イランに旅行にいったことのある人間はアメリカ合衆国への入国を制限されるわけですから）、異なる国であっても「お金」を払えば他者がいうことを聞いてくれる体制が確立する中ではじめて成立するものであるからです。ただ、東は「特定の国家に属してその価値観を内面化するのではなく、ほかの回路で普遍性を手に入れることができるとしたら、それはどのような道をたどることによってか」（同書、148頁）という問いを「家族の哲学」へと引き継ぎ、「偶然的」で「訂正可能」な「拡張された家族」のあり方に「観光客」の普遍性を見出そうとしています。その点で贈与経済2・0の試みは東の企図と同じ方向を向いているようにも思うのですが、東さんはどうご覧になるでしょうか。

8　厳密にいえば、19世紀にロバート・オーウェンが導入した「労働貨幣」は、当時主流だった経済学の「労働価値説」に基づいて「労働時間」を価値の基準としていましたので、法定通貨とは異なる価値基準をもっていたといえます。「5時間」「10時間」と労働時間が書かれた紙幣が交換の媒体として用いられたのでした。しかし、この方法は、単純に労働時間によって価値を測るものであったため、労働の質の違いを評価できずに不公平感を招いただけでなく、労働貨幣での「価格」と資本主義経済における「価格」の違いを利用したアービトラージ取引が行われたことで失敗しました。異なる価値基準を設定したとはいえ、交換の原理が資本主義経済と同じものであったために、まさにその違いを商機として利用する人々の行動を招いたのでした。

9　Cf. 田畑稔『マルクスとアソシエーション：マルクス再読の試み』（新泉社、1994）

10　それでも読者の中には柄谷のいう「交換様式D」がそれにあたるのではないかと考える方がいらっしゃるかもしれません。実際、贈与経済から資本主義経済への移行を見た上でその問題点を克服するものとして「贈与経済2・0」を提案するという展開は、「交換様式A、B、C」（Cは資本主義経済）を経て、交換様式Aの「高次元での回復」として「交換様式D」

を位置づける柄谷の議論と明確に重なっているように見えます。後の注に書いたように柄谷自身がNAMは「交換様式D」ではないといっていますし、本文で示したように実際、NAMと贈与経済2・0はまったく異なるものと考えられますが、柄谷において理論上のものとしてのみ語られる「交換様式D」を贈与経済2・0の実践と比較することは意味があるかもしれません（細かくみれば、贈与経済を「互酬的」なものと見なして「交換様式A」とし、国家が形成され人々が隷属的に関係する「交換様式B」と区別する柄谷の議論と本書の議論は少しズレています。交換様式AとBがつながっているといいながら柄谷は、その連続性をうまく記述できていないように思われますが、本書では両者が「負債感」の経済の2つの側面ということで示しています。つまり、本書では贈与経済に含まれる「人間関係を作る力」が隷属関係を生み出す力にもなることを示したのでした。ボエシのいうような「自発的服従」は、世代を通じて蓄積された「負債」を贈与経済の中での「フェアネス」として引き受けているからであり、暴力による支配として論じることには無理があると考えられます。そもそも贈与経済を「互酬的なもの」とみなす前提が間違っていて、贈与経済は互酬的なものとしても、階級社会を生成するものとしても機能するというのが正しいところだと思います）。

ただ、肝心の「交換様式D」についての柄谷の議論は、残念ながら期待外れといわざるをえません。柄谷は、モーセ、ソクラテス、中国の諸子百家、イスラエルの預言者、ブッダ、イエス等々、歴史上のヒーロー、つまり「物語」として語り継がれる事柄に思いを馳せるだけで、そうした局所的一時的に見られた人々の「称賛すべき行為」がどうやったら「社会システム」として成立しうるかという問題を考えることを完全に放棄していると思われるからです（柄谷行人『力と交換様式』（岩波書店、2022））。「〔交換様式〕Aに依拠する対抗運動が概してローカルなものにとどまり、BやCに十分に対抗できるようなものとはなりえないということも、否定できない事実である」（前掲書、394頁）。贈与経済2・0はローカルなコミュニティの贈与経済をネットワーク化することでグローバルな経済圏を作ろうとする試みですので、それを「交換様式D」のシステム化と見なすことはできるかもしれません。が、実践を諦めた「批評家」に「これはAだ」とか「Dだ」とか点数をつけられるようなことだけは勘弁願いたいと思います（「D」は大学人のディスクールの単位評価で「不可」を示す記号ですね。ご存じの通りラカンの「大学人のディスクール」は同じ「知」を共有するよう「学生」をオルグして「ヒステリー者」を生み出すものでした）。

11 柄谷行人『ニュー・アソシエーショニスト宣言』（作品社、2021）、107頁

12 前掲書、87頁以下

13 前掲書、95頁以下

14 後年柄谷は、講演会での質問に応えてNAMは「交換様式A」の運動で大きく広がることははじめから企図していなかったと述べています。交換様式Aは自分の意志でできるが、理想とされる「交換様式D」は「向こうからやってくるとしかいえない」（「柄谷行人氏講演会　柄谷行人さんに聞く〜疫病、戦争、世界共和国〜」２０２２年7月3日、於東京大学駒場キャンパス）。NAMの限界がその「意志性」にあったとすれば、その「無意志性」を「カリスマの不在」と読み替えると面白いかもしれません。

第5章

1 荒谷大輔「僕たちは「クソどうでもいい仕事」を根絶できる：哲学者が本気で「新しい国をつくる」仲間を募集」東洋経済ONLINE、２０２２・０６・０１、および斎藤幸平、荒谷大輔「本当に「クソどうでもいい仕事」を根絶できるか：斎藤幸平氏と考える「働く人に優しい経済」の形」東洋経済ONLINE、２０２２・０６・０２を参照ください。

第6章

1 山岸俊男『安心社会から信頼社会へ：日本型システムの行方』（中公新書、１９９９）、45頁以下

2 前掲書、74頁以下

3 前掲書、１１６頁以下

4 ジャン＝バティスト・マレ『トマト缶の黒い真実』（太田出版、２０１８）

5 「文化財の接着剤で原料「偽装」、「ウサギ膠」なのにウシやブタ検出…業者「信じがたい」」（読売新聞オンライン：https://www.yomiuri.co.jp/culture/dentou/20230611-OYT1T50100/ 2023/09/18最終閲覧）

6 「食卓が添加物だらけに…4月から食品の「無添加」表示禁止に識者が警鐘」（女性自身オンライン、https://jisin.jp/domestic/2079898/ 2023/09/18最終閲覧）

7 Edward Bernays, *Crystallizing Public Opinion*, Liveright publishing, 1923, p.122.

8 *op. cit.*, p.218.

9 第２章で見たように戦後国際秩序は「モンロー主義の拡張」として位置づけられたのでした。「モンロー主義」とは、世界の国々は当然「自由民主主義」をとるものと前提し、ときにアメリカが「国際警察力」を発揮しながら国際秩序を維持する体制を示すものだったわけです。もし資本主義経済と呼ばれるものが単にひとつのシステムとして、人々の欲望に応じて内在的に「正しさ」を生み出す機構なのだとしたら、別なかたちのシステムが現れたとしても資本主義経済が稼働し続けることに何の問題もありません。資本主義経済にコミットする人々が、その「正しさ」を行為規範とすればいいわけですから、コミットしない人々にあえて「正しさ」を押し付ける必要もないでしょう。人々に選択の自由があるならば、システム自体が選択可能であるべきだと思われます。資本主義経済の「道徳」が社会全体で一元化されないからといって、人々の間で労働の成果を分配する非常に有効な方法であることには変わりはないと考えられます。しかしもし、資本主義経済が人々の自然な欲望にのみによって支えられるものではなく、特定の政治力とともに価値判断を一元化しなければ存続しえないものであったとすれば、贈与経済２・０による価値の多元化は、その前提を崩すこともありえます。

10 オフリンはもうひとつの要件として「公共性」を挙げていますが、ここでは論点を「相互性」に絞りたいと思います。

11 O'Flynn, I.(2006), *Deliberative Democracy And Divided Societies*, Edinburgh University Press, p.77.

12 *ibid.*

13 *op. cit.*, p.122.

14 *ibid.*

15 大澤真幸は『資本主義の〈その先〉へ』（筑摩書房、２０２３）において、見田宗介の「公共圏とルール圏」についての議論を再検討しながら「ニュートラルなルール」の設定の問題を指摘しています。現在の社会では資本主義経済の「道徳」が自己疎外的な様態においてこの「ニュートラルなルール」の役割を果たしているが、他者との関係の中で各人の労働の意味が増幅していくような「自己獲得的」なかたちで「ニュートラルなルール」を設定することはできないかと問いながら大澤は〈普遍性〉の可能性を示したのでした（前掲書、３８８頁以下、３９４頁、３９８頁以下）。ペシャワール会の中村哲を例にとりながらコミュニティに内在しつつ外へとつながる存在を複数つないでいくことで〈普遍性〉の実現可能性を示す大澤の議論を「ゼロ地点」を確保しつつ贈与経済をネットワーク化する本書の試みとして引き受けることはできるでしょうか。あらかじめ外への連絡が確保された内在を「超越的内在」というとすれば、贈与経済2・0の試みは「ゼロ地点」としてそれを確保しつつ個々のコミュニティを外へと開くものになっていると思われます。

16 リンク先は巻末資料を参照ください。

17 そのひとつの可能性は「抽選制民主主義」ではないかと考えていますが、これはまだまだ議論が必要なところでしょう。Cf. 荒谷大輔、落合渉悟「熟議民主主義とゼロ地点化：ハートランドにおける「裁判所」の役割」『江戸川大学紀要』第32号、2022、pp.313-320.

参考資料｜リンク先

ハートランドWebサイト
https://heart-land.io
ハートランド・プロジェクトの概要や実証実験の進捗など、様々な情報が載っています。

ハートランド discordサーバー
（discordのアカウントを作る必要があります）
https://discord.gg/pU6xEcrnay
discordというコミュニティ・チャットアプリで、ユーザー同士の情報交換や望ましい未来の社会のあり方についての議論をしています。

「ハート」の送り方：マニュアル
はじめての方のために、ハートアプリの使い方について説明しています。

本書に関するお問い合わせ

このたびは翔泳社の書籍をお買い上げいただき、誠にありがとうございます。弊社では、読者の皆様からのお問い合わせに適切に対応させていただくため、以下のガイドラインへのご協力をお願いいたしております。下記項目をお読みいただき、手順に従ってお問い合わせください。

ご質問される前に
弊社 Web サイトの「正誤表」をご参照ください。これまでに判明した正誤や追加情報を掲載しています。
正誤表 https://www.shoeisha.co.jp/book/errata/

ご質問方法
弊社 Web サイトの「書籍に関するお問い合わせ」をご利用ください。
書籍に関するお問い合わせ https://www.shoeisha.co.jp/book/qa/
インターネットをご利用でない場合は、FAX または郵便にて、下記 “ 翔泳社 愛読者サービスセンター ” までお問い合わせください。電話でのご質問は、お受けしておりません。

回答について
回答は、ご質問いただいた手段によってご返事申し上げます。ご質問の内容によっては、回答に数日ないしはそれ以上の期間を要する場合があります。

ご質問に際してのご注意
本書の対象を超えるもの、記述個所を特定されないもの、また読者固有の環境に起因するご質問等にはお答えできませんので、あらかじめご了承ください。

郵便物送付先および FAX 番号
送付先住所 〒160-0006 東京都新宿区舟町5
FAX 番号 03-5362-3818
宛先（株）翔泳社 愛読者サービスセンター

※ 本書に記載された URL 等は予告なく変更される場合があります。
※ 本書の出版にあたっては正確な記述につとめましたが、著者や出版社などのいずれも、本書の内容に対してなんらかの保証をするものではなく、内容やサンプルに基づくいかなる運用結果に関してもいっさいの責任を負いません。

※ 本書に記載されている情報は 2024 年 2 月執筆時点のものです。

著者略歴

by Ralph Spieler licensed under CC BY-ND 4.0

荒谷大輔（あらや・だいすけ）

慶應義塾大学文学部教授、江戸川大学名誉教授。専門は哲学／倫理学。主な著書に『資本主義に出口はあるか』（講談社現代新書）、『ラカンの哲学：哲学の実践としての精神分析』（講談社選書メチエ）、『「経済」の哲学：ナルシスの危機を越えて』（せりか書房）、『西田幾多郎：歴史の論理学』（講談社）、『使える哲学：私たちを駆り立てる五つの欲望はどこから来たのか』（講談社選書メチエ）など。

装丁――――――加藤賢策（LABORATORIES）
DTP――――――シンクス

贈与経済2.0《ニーテンゼロ》

お金を稼がなくても生きていける世界で暮らす

2024年4月15日 初版第1刷発行
2024年6月 5日 初版第2刷発行

著者――――――荒谷《あらや》 大輔《だいすけ》
発行人――――――佐々木 幹夫
発行所――――――株式会社 翔泳社（https://www.shoeisha.co.jp/）
印刷・製本――――株式会社 加藤文明社印刷所

本書へのお問い合わせについては、246ページに記載の内容をお読みください。

造本には細心の注意を払っておりますが、万一、乱丁（ページの順序違い）や落丁（ページの抜け）がございましたら、お取り替えいたします。03-5362-3705までご連絡ください。

ISBN978-4-7981-8415-9

Printed in Japan